「通古察今」系列丛书

传统史学的求真与致用理念

汪高鑫 著

河南人民出版社

图书在版编目(CIP)数据

传统史学的求真与致用理念 / 汪高鑫著. — 郑州：河南人民出版社，2019.12(2025.3重印)
("通古察今"系列丛书)
ISBN 978-7-215-12009-9

Ⅰ. ①传… Ⅱ. ①汪… Ⅲ. ①史学-研究-中国-古代 Ⅳ. ①K092.2

中国版本图书馆 CIP 数据核字(2019)第 271336 号

河南人民出版社 出版发行
(地址：郑州市郑东新区祥盛街27号 邮政编码：450016 电话：0371-65788075)
新华书店经销　　环球东方(北京)印务有限公司印刷
开本　787mm×1092mm　　　1/32　　　印张　4.875
字数　69千
2019年12月第1版　　　　　2025年3月第2次印刷

定价：48.00元

"通古察今"系列丛书编辑委员会

顾　问　刘家和　瞿林东　郑师渠　晁福林
主　任　杨共乐
副主任　李　帆
委　员（按姓氏拼音排序）
　　　　　安　然　陈　涛　董立河　杜水生　郭家宏
　　　　　侯树栋　黄国辉　姜海军　李　渊　刘林海
　　　　　罗新慧　毛瑞方　宁　欣　庞冠群　吴　琼
　　　　　张　皓　张建华　张　升　张　越　赵　贞
　　　　　郑　林　周文玖

序 言

在北京师范大学的百余年发展历程中,历史学科始终占有重要地位。经过几代人的不懈努力,今天的北京师范大学历史学院业已成为史学研究的重要基地,是国家首批博士学位一级学科授予权单位,拥有国家重点学科、博士后流动站、教育部人文社会科学重点研究基地等一系列学术平台,综合实力居全国高校历史学科前列。目前被列入国家一流大学一流学科建设行列,正在向世界一流学科迈进。在教学方面,历史学院的课程改革、教材编纂、教书育人,都取得了显著的成绩,曾荣获国家教学改革成果一等奖。在科学研究方面,同样取得了令人瞩目的成就,在出版了由白寿彝教授任总主编、被学术界誉为"20世纪中国史学的压轴之作"的多卷本《中国通史》后,一批底蕴深厚、质量高超的学术论著相继问世,如八卷本《中国文化发展史》、二十卷本"中国古代社会和政治研究丛书"、三卷本《清代理学史》、五卷本《历史文化认同与中国统一多民族国家》、二十三卷本《陈垣全集》,

以及《历史视野下的中华民族精神》《中西古代历史、史学与理论比较研究》《上博简〈诗论〉研究》等,这些著作皆声誉卓著,在学界产生较大影响,得到同行普遍好评。

除上述著作外,历史学院的教师们潜心学术,以探索精神攻关,又陆续取得了众多具有原创性的成果,在历史学各分支学科的研究上连创佳绩,始终处在学科前沿。为了集中展示历史学院的这些探索性成果,我们组织编写了这套"通古察今"系列丛书。丛书所收著作多以问题为导向,集中解决古今中外历史上值得关注的重要学术问题,篇幅虽小,然问题意识明显,学术视野尤为开阔。希冀它的出版,在促进北京师范大学历史学科更好发展的同时,为学术界乃至全社会贡献一批真正立得住的学术佳作。

当然,作为探索性的系列丛书,不成熟乃至疏漏之处在所难免,还望学界同人不吝赐教。

北京师范大学历史学院
北京师范大学史学理论与史学史研究中心
北京师范大学"通古察今"系列丛书编辑委员会
2019 年 1 月

目 录

前　言 \ 1

第一章　传统史学的思维特征 \ 4
　　一、"究天人之际"的整体思维 \ 5
　　二、"通古今之变"的通变思维 \ 14
　　三、"成一家之言"的创新思维 \ 22
　　四、以史为鉴的鉴戒思维 \ 33
　　五、"求真"与"求道"的二重性思维 \ 41

第二章　传统史学的"求真"理念 \ 56
　　一、"求真"是传统史学的根本要求 \ 56
　　二、史家素养与传统史学的"求真" \ 60
　　三、传统史学"求真"理念的二重性 \ 68

第三章 传统史学的"求道"理念 \ 73

一、对于纲常伦理道德的自觉维护 \ 74

二、对于王权合法性的神意解说 \ 78

三、"求道"理念产生的认识、社会与现实根源 \ 82

四、"求道"理念的合理性 \ 86

第四章 传统史学的经世致用意识 \ 88

一、以史为鉴的史学忧患意识 \ 89

二、彰善瘅恶的道德评判意识 \ 93

三、"将施有政"的资政自觉意识 \ 98

四、歌功颂德的宣扬皇朝意识 \ 104

第五章 秦始皇历史意识的致用性特征 \ 109

一、以历史作借鉴,议定皇朝制度 \ 110

二、刻石与焚书:政治对史学的利用和干预 \ 119

第六章 "实录"与"宣汉":汉代史学思潮的两种取向 \ 127

一、《史记》的"实录"精神 \ 127

二、《汉书》的"宣汉"意识 \ 133

三、传统史学"求真"与"致用"思想的新发展 \ 138

参考书目 \ 141

前　言

传统史学的历史思维非常丰富。从学术层面来讲，司马迁提出的"究天人之际""通古今之变"和"成一家之言"，既是《史记》的撰述旨趣，也是传统史学的根本要求，吴怀祺先生称其为"中国民族三大思维"。[1] 从求真层面来讲，"求真"是传统史学的根本要求，然而传统史学的"求真"具有二重性特点，它包括"史实之真"与"道义之真"两个方面，当史实与道义发生矛盾时，前者需要服从于后者；从致用层面来讲，传统史学重视以史为鉴和以史资政，历史上的"殷鉴""过秦"和"以隋为鉴"，以及"将施有政""资治"意识等等，都是这种史学致用意识的体现。

---

[1] 吴怀祺：《中国史学思想通论·总论卷历史思维卷》，福建人民出版社2011年版，第169页。

传统史学的求真与致用理念

"求真"是传统史学的根本要求。先秦时期的"董狐笔"与"太史简",便是古代史学"求真"理念的典型。纵观传统史学的发展过程,都普遍重视"求真"理念,并且在理论上作出阐发。传统史学的"求真",与史家素养密切相关。史家的品德、责任感、勇气,才、学、识"三长"的涵养,征信求实的科学治史方法,等等,都影响着史学的"求真"。传统史学的"求真"既追求"史实之真",也追求"道义之真"。这种道义之真主要包括对于纲常伦理道德的维护,以及王权合法性所作出的神意解说。前者决定了传统史学重视历史的道德评判,后者强调传统史学需要服务于皇权政治。与"求真"相比较,"致用"是传统史学的根本目的。在传统史学的发展过程中,以史为鉴的史学忧患意识、彰善瘅恶的道德评判意识、将施有政的资政自觉意识、歌功颂德的服务现实意识,等等,集中体现了史学的致用性一面。

在传统史学发展的各个历史阶段,史学家包括一些统治者、思想家们,都自觉发挥史学的功用价值。如千古一帝秦始皇的历史意识,就明显具有致用性特征,他创立的一整套中央集权制度,包括立尊号、除谥法、德运制度、封禅仪式以及各项政治制度等等，都是以历史作借鉴的；他刻石颂功，大肆"颂今"，同时焚书毁灭六国之史，则是通过政治的力量实现对于史学的利用和干预。而汉代史学的发展，则重视史学的"求真"与"致用"相统一。司马迁《史记》以"实录"著称，却也重视"宣汉德""颂功臣"；班固《汉书》以"宣汉"为旨趣，却能做到直书其事，"不为汉讳"，他们的史学将传统史学的"求真"与"致用"理念相结合发展到了一个新的阶段。

第一章 传统史学的思维特征

中国古代史学不但留下了种类繁多、卷帙浩繁的历史文献,而且蕴含了系统而丰富的史学思想,其史学文化之发达,在世界文明史上独树一帜。在中国古代史学的发展过程中,史学家们通过对历史研究的对象、特点、方法与目的的多重思考,逐渐形成了具有民族特色的思维特征,主要包括"究天人之际"的整体思维、"通古今之变"的通变思维、"成一家之言"的创新思维、以史为鉴的鉴戒思维和"求真"与"求道"的二重性思维。以往学术界比较重视中国古代史学思想的个案分析,却很少进行整体研究,把握总体特征。基于此,以下拟对中国古代史学的五个主要思维特征作出论述,以此揭示中国古代史学思想的民族特性。

第一章 传统史学的思维特征

一、"究天人之际"的整体思维

"究天人之际",即是探讨天人之间的关系,亦即天道对于人事的影响。中国古代史学谈论人事,总是离不开天道,而将天与人作为一个整体来进行思考,体现出天人一体的整体思维特征。

从理论渊源来讲,天人一体的整体思维,最早源自《周易》。《周易》卦画构成原理即体现了天人一体的观念,《说卦》说:"昔者圣人之作易也,将以顺性命之理,是以立天之道曰阴与阳,立地之道曰柔与刚,立人之道曰仁与义。兼三才而两之,故易六画而成卦。分阴分阳,迭用柔刚,故易六位而成章。"这就是说,《易经》六十四卦每一卦六爻的符号体系,其实是天、地、人三才之统一整体的体现。《系辞上》也认为,在天人这个整体中,"天地设位,圣人成能",人可以顺应天道,发挥主观能动性,以成就天地生化万物的功能,促成事物的发展变化。《周易》的天等同于自然,其天人合一的思维,是通过对人与自然关系的思考,进而阐发人的作用和价值的。

传统史学的求真与致用理念

《周易》天人一体的整体思维，启发了中国古代史学的"究天人之际"。一方面，古代史学与易学关系密切，先秦史官与《周易》的撰述、保存和流传密不可分；秦汉以后自司马迁始，历代大史学家往往都是易学家，因而容易受到易的思维术，其中就包括天人一体的整体思维方式的影响。另一方面，中国古代史官的职责除去记时书事，还有观测天象与制定历法，这也很容易使其接受这种天人一体的思维方式，史官从四时、天象的往复变动中悟出社会人事的变化，同时将天道与人事联系起来解说社会各种现象。不过，在中国古代史学的"究天人之际"过程中，所究"天"的内涵则是比较复杂的。冯友兰从文化史的更广泛角度界定出中国古代"天"的意义至少有五种：物质之天（天空）、主宰之天或意志之天（天帝、天神）、命运之天（天命）、自然之天（天性、天然）、义理之天或道德之天（天理）。[1] 这些含义在中国古代史学的"天"论中，也都有不同程度的体现。

史学家司马迁最早提出以"究天人之际"为历史

---

[1] 参见冯友兰：《中国哲学史》（上册），中华书局1961年版，第55页。

第一章 传统史学的思维特征

撰述旨趣,即是要将天人作为一个整体来进行历史研究。首先,《史记》以天人理路来构建史书的编纂体系。《史记》全书由十二本纪、十表、八书、三十世家和七十列传五种体例构成,这些体例之数理,学者认为蕴含了天人合一的思想。唐司马贞《补史记序》说:"观其本纪十二,象岁星之一周,八书有八篇,法天时之八节,十表放刚柔十日,三十世家比月有三旬,七十列传取悬车之暮齿,百三十篇象闰余而成岁。"[1] 与司马贞同时代的张守节也认为,"太史公作《史记》,起黄帝、高阳、高辛、唐尧、虞舜、夏、殷、周、秦,讫于汉武帝天汉四年,合二千四百一十三年。作本纪十二,象岁十二月也。作表十,象天之刚柔十日,以记封建世代终始也。作书八,象一岁八节,以记天地日月山川礼乐也。作世家三十,象一月三十日,三十辐共一毂,以记世禄之家辅弼股肱之臣忠孝得失也。作列传七十,象一行七十二日,言七十者举全数也,余二日象闰余也,以记王侯将相英贤略立功名于天下,可序列也。合百三十篇,象一岁十二月及闰余也。而

---

[1] 司马贞:《补史记序》,黄嘉惠刻本《史记》附录。

太史公作此五品，废一不可以统理天地，劝奖箴诫，为后之楷模也。"[1] 两人皆认为《史记》五体数理"废一不可以统理天地"。这种说法虽然遭到后代学者的批评，如金人王若虚就直斥司马贞述《史记》五体"妄意穿凿，乃敢如此，不已甚乎！"[2] 清人沈涛也提出"史公作《自序》，惟于三十世家有'二十八宿环北辰，三十辐共一毂'之语，其他篇数，初不自言其例，不知两家之言何所据也"的疑问，[3] 却也没有拿出有力的证据。考虑到西汉天人合一思潮的流行、史官丰富的天学知识，以及司马迁的撰史旨趣，作为《史记》注家的司马贞、张守节如此理解《史记》体例蕴含的天人合一思想，应该说是有道理的。

其次，《史记》从天人关系来探讨历史的发展变化。司马迁一方面强调天人相分，肯定人事对于历史发展的作用。同时又重视从天人关系角度去思考、记载和评述历史，彰显了天人合一的整体思维特点。

与《周易》具有自然属性的天相比较，司马迁的

---

[1] 张守节：《史记正义·论史例》，载《史记》，中华书局1959年版。
[2] 王若虚：《滹南遗老集》卷三十一，《著述辨惑》，四部丛刊本。
[3] 沈涛：《铜熨斗斋随笔》卷三，《史记篇例》，中华书局1965年版。

"天"论要复杂得多,有意志、命运、趋势和自然等多重含义。《史记》关于天有意志的说法,主要是宣扬"圣人感生"说。《殷本纪》和《周本纪》在描述商周部族起源时,分别记述了简狄吞卵生契和姜嫄履迹生弃的故事。《秦本纪》和《高祖本纪》则套用了这种"感生"说,说秦的祖先大业乃女修吞卵而生,汉高祖刘邦则是刘母与赤龙交感而生。"感生"说宣扬的是一种天命史观,当天神赋予圣人肉体的同时,也就同时赋予了其治理万民的权力。同时《史记》还宣扬"圣人同祖"说,《五帝本纪》以黄帝为百王先,"自黄帝至舜、禹,皆同姓而异其国号"。这同样是一种天命王权思想:"黄帝策天命而治天下,德泽深厚世,故其子孙皆复立为天子,是天之报有德也。"[1]不过,《史记》对这种报德说也有过质疑,如《伯夷列传》就以善人伯夷、叔齐、颜渊和恶人盗跖为例,对"天之报施善人"说加以否定。《史记》的"天"也有命运的含义。如《李将军列传》记述了李广曾问王朔自己难以封侯的原因是"岂吾相不当侯邪?且固命也?"当李广在征讨匈奴的最后一

---

[1] 《史记》卷十三,《三代世表》,中华书局1959年版。

役迷道误期被治罪时,他对部下说:"今幸从大将军接单于兵,而大将军又徙广部行回远,而又迷失道,岂非天哉!"司马迁显然是借助于李广之口,间接指出李广难封有命运不济的因素,也就是天意,当然字里行间也内蕴了对汉朝用人及封赏制度不合理的批评。《史记》的"天"还常常指一种历史发展之"势",亦即必然性。在谈及秦亡汉兴的原因时,《高祖本纪》就认为:"周秦之间,可谓文敝矣。秦政不改,反酷刑法,岂不谬乎?故汉兴,承敝易变,使人不倦,得天统矣。"这里所谓"天统",自然有上天眷顾汉兴的含义。当然,《史记》的"天"论,更多的是将其作为一种自然之天来看待的,如《史记》关于天象变化、自然变迁及其对于人事的影响的记述等等。

《史记》以后的中国古代史学,承继了其"究天人之际"的传统,普遍重视用天人合一的整体思维方式去思考历史,研究历史。历代正史宣扬的五德终始说,便是一种典型的意志论天说。五德终始说是一种解说王朝更替的学说,分战国时期邹衍的相胜说和西汉末年刘歆的相生说两种,西汉以前盛行相胜说,东汉以后宣扬的则是相生说。历代正史宣扬五行相生之五德终始说,其目的是为了说明新朝的建立乃天命所归,因而成为一种历史撰述的定式。中国古代史学对于天的命运属性也是普遍认可的。当对人事发展的结局无可奈何时,史家们往往将其归于命运使然。西汉时期就流行一种人有"三命"说,即:所谓正命,"谓本禀之自得吉也";随命,"戮力操行而吉福至";遭命,"行善得恶""逢遭于外而得凶祸"。[1]人生命定,国运亦然。所谓"贤君能治当安之民,不能化当乱之世"[2],便是这个道理。秉承这种思想去记述和评判历史,这是中国古代史学的一种普遍的做法。历代史家在讨论一些诸如历史发展阶段、郡县与分封、夷夏之辨等重大历史问题时,往往也重视从历史发展之"势"与"理"来加以解说,肯定历史发展的必然性。王夫之的"理""势"说堪为代表。他认为,"理"是事物运动的一种必然法则,"理者,物之固然,事之所以然也"[3];而"势"则是事物发展的一种不可逆性,"凡言势者,皆顺而不

---

[1] 王充:《论衡》卷第二,《命义》,中华书局1990年版。

[2] 王充:《论衡》卷第十七,《治期》,中华书局1990年版。

[3] 王夫之:《张子正蒙注》卷五,《至当篇》,中华书局2009年版。

逆之谓也，从高趋卑，从大包小，不容违阻之谓也。"[1] 同时"理"与"势"又是相互关联、相互依存和相互作用的。一方面"理"中有"势"，"势"中有"理"，"离势无理，离理无势"[2]；另一方面，"势"的发展要受到"理"的支配，"势之所趋，岂非理而能然哉"，"理"也不能脱离"势"的变化而一成不变，"势相激而理随以易"[3]。王夫之以这种"理势"论对中国古代"封建"与"郡县"问题作了具体解说，肯定秦以后郡县代替分封是历史发展的必然。

在《史记》以后的中国古代史学中，魏晋时期的名教与自然关系的讨论和宋代的天理人欲之辨，则是颇具时代特点的天人合一的观念，表现出了古代天人观的哲理化倾向。

名教与自然的关系，其实也就是天人关系。名教即是维系社会人群的儒家道德规范，而自然则是道家所崇尚的天地之性。调和名教与自然的关系，从学术思想主体来讲即是调和儒道的关系，从学术思想本质

---

[1] 王夫之：《读四书大全说》卷九，《孟子·离娄上》，中华书局1975年版。
[2] 王夫之：《尚书引义》卷四，《武成》，中华书局2009年版。
[3] 王夫之：《读通鉴论》卷一，中华书局1998年版。

来讲则是调和人与自然的关系，亦即天人关系。东晋史家兼玄学家袁宏著《后汉纪》，明确以"通古今而笃名教"为其旨趣。他的"名教"论，其实是通过探讨名教与自然的关系来展开论说的，具有浓厚的玄学味道。袁宏说："夫君臣父子，名教之本也。然则名教之作，何为者也？盖准天地之性，求之自然之理，拟议以制其名，因循以弘其教，辩物成器，以通天下之务者也。"[1] 袁宏以"天地之性"和"自然之理"来论说名教，强调名教的自然本性，即是一种玄化的天人观念。

宋代理学的兴起，史学出现义理化倾向，天理人欲之辨成为历史评判的重要标准。于是乎，又出现了义理之天、道德之天，这是古代天论思想的新发展。流行于宋代理学家与史学家当中的三代汉唐之辩，便是以天理与人欲来分辨的。在他们看来，三代及其以前的社会天理流行，而三代以后的社会则是人欲横流；三代及其以前是以道治天下，而三代以后则是以法把持天下。因此，三代是治世，汉唐则是乱世。史学家司马光就明显表现出对于三代的推崇。司马光肯定三

---

[1] 袁宏：《后汉纪》卷二十六，《献帝纪》，载《两汉纪》下，中华书局2002年版。

代为治世，认为相较于三代，汉唐政治总体上是逐渐衰落的。如两汉"虽不能若三代之圣王，然犹尊君卑臣，敦尚名节"；魏晋以降，社会"风俗日坏"，"不顾名节"；唐代进一步衰落，社会"不复论尊卑之序、是非之理"；到了五代，"天下荡然莫知礼义为何物矣"。[1]朱熹认为三代君王有圣人之心，所以社会得到大治；汉唐君臣急功好利，心术不正，如汉高祖、唐太宗等做事"都是自智谋功利中做出来，不是自圣贤门户来，不是自自家心地义理中流出"[2]，所以社会得不到大治。应该说，司马光、朱熹等人对于汉唐历史的评价，秉持的是一种道德评价标准，明显地打上了理学的烙印。

二、"通古今之变"的通变思维

"通古今之变"的通变思维，即是肯定历史变化发展的思维。中国古代史学研究历史，普遍重视对于历史过程的认识，注重贯通的历史意识；而在"通古今"

---

[1] 司马光：《司马文正公传家集》卷二十四，《上谨习疏》，商务印书馆1937年版。
[2] 黎靖德编：《朱子语类》卷二十五，岳麓书社1997年版。

第一章 传统史学的思维特征

的过程中，则重视运用历史变易的观点来进行审视，肯定历史的变易过程是一种盛衰之变。

"通变"的思想也源自于《周易》，《系辞下》将《周易》的这一思维集中表述为"《易》穷则变，变则通，通则久。"强调变易是《周易》的显著特点，司马迁说："《易》著天地阴阳四时五行，故长于变。"[1] 章学诚《文史通义·易教中》引孔颖达语说："夫《易》者，变化之总名，改换之殊称。"有"变"然后则"通"，《周易》肯定大千世界与人类社会都是周流变通的，所谓"阖户谓之坤，辟户谓之乾。一阖一辟谓之变，往来不穷谓之通"[2]。自然界普遍、永恒的盈虚消长与社会历史的盛衰变化是相通的，所以《丰》卦彖辞说："日中则昃，月盈则食，天地虚盈，与时消息，而况于人乎，况于鬼神乎？"《革》卦彖辞也说："天地革而四时成，汤武革命，顺乎天而应乎人。"《系辞下》则结合伏羲氏以来的历史，肯定这种社会发展变化的必然性。

《周易》的通变思维启发了中国古代史学的"通古今之变"。司马迁最早明确以"通古今之变"作为《史

---

[1] 《史记》卷一百三十，《太史公自序》，中华书局1959年版。
[2] 《周易·系辞下》，《十三经注疏》本，中华书局1980年版。

记》的撰述旨趣，首创纪传体通史体裁记述上起黄帝下至汉武帝上下三千年的历史，用通变的眼光来认识和把握历史过程的治乱兴衰之变。

纵观司马迁的通变思想，其一是"原始察终，见盛观衰"[1]，对古今历史追溯其原始，察究其终结，同时注意考察历史发展过程中的盛衰之变及其相互转化。《史记》的编纂结构体现了这种"原始察终"的思想，其中十二本纪旨在考察王迹的兴衰；十表将历史划分为五帝三王、东周、战国、秦汉之际、汉兴以来五个时期，整体反映了自黄帝以来三千年历史发展变化之大势；八书记述的是历代制度的演进情况；三十世家和七十列传则主要叙述了各类历史人物在历史变易过程中所起的作用。《史记》的"见盛观衰"思想有两层含义：其一是肯定历史变易是一种盛衰之变；其二是强调事物的盛衰是相互包含的，要注意察觉盛世历史向衰败转变的可能性。司马迁充分认识到历史盛衰之变的复杂性。如《殷本纪》所记商王朝的历史，就体现出了历史的衰、兴、复衰、复兴的错综复杂的发展过程；所记从

---

[1]《史记》卷一百三十，《太史公自序》，中华书局1959年版。

春秋到战国的历史发展，也是一个错综复杂的兴衰变易过程，其中充满着周王室和诸侯国、各诸侯国之间势力此消彼长的盛衰之变。因此，历史的盛衰之变不是一种简单的两段论，而是盛衰互包，盛衰转化的，要想保持历史的持续发展，就必须要盛中见衰，以防微杜渐。

其二，司马迁受《易传》"《易》穷则变"思想的影响，提出了"承敝易变"的历史变革论。司马迁将《易传》的变易思想运用于考察社会历史，指出一个政权的覆灭，必然是这个政权在制度上出现了种种弊端，因此，代之而起的新兴政权，就必须要针对前朝制度的种种弊端进行变易，只有这样，新兴的政权才能得到稳定。他认为汉朝的兴起与稳定，就是针对周秦累积的种种弊端，"承敝易变，使人不倦"[1]的结果。《史记》重视对变革历史的记述，而略于和平时期的历史记述。据统计，《史记》关于黄帝以来三千年历史记述总共有五十二万余字，而关于周初、战国、秦汉之际和武帝建元后四个主要变革时期的历史记述，却有四十余万字数，由此可见其重视变革历史记

---

[1]《史记》卷八，《高祖本纪》，中华书局1959年版。

述之一斑。有学者称这种撰述原则为"详变略渐"[1],是有道理的。

《史记》以后的中国古代史学,无论是通史撰述还是断代史撰述,纪传体撰述还是其他史体撰述,都普遍承继了"通古今之变"的传统,虽然具体表述和思想侧重点不尽相同,却都体现了通变的思想。

首先体现在"通"的意识上。中国古代史学虽然记述体裁多样,却都普遍重视贯通意识。纪传体史书如班固《汉书》,虽然包举一代,断汉为史,却能断而不断,断中有通。《汉书》的本纪、列传、志、表等四种体例都具有贯通意识,其中的表、志体现最为突出,其记述内容都是贯通古今的。典制体史书如杜佑《通典》,作为我国第一部典章制度体通史,其统括历代史志,融会贯通,是传统史学贯通意识的新发展。编年体史书如司马光《资治通鉴》,以通史撰述为体裁形式,纵论千余年历史的治乱兴衰,以"有资于治道"。郑樵《通志》从全书结构来看属于纪传体通史,而其突出成就则表现在对历代典章制度溯源探流

---

[1] 张大可:《司马迁评传》,南京大学出版社1994年版,第194页。

察终的"二十略"上,故而又被视为典制体"三通"之一。无论是纪传体撰述还是典制部分撰述,该书都体现了《总序》所提出的"会通"精神,即是要汇聚文献、贯通史事。史学理论家章学诚也提倡通史撰述,《文史通义》的《释通》篇对通史撰述的优点和长处进行了理论分析,认为有"六便""二长",这六便是:"一曰免重复,二曰均类例,三曰便诠配,四曰平是非,五曰去抵牾,六曰详邻事。"而二长则是:"一曰具剪裁,二曰立家法。"

其次体现在"变"的意识上。贯通历史的目的在于更好地把握历史的变易及其规律。通观中国古代史学,不但肯定历史具有变易性特点,而且认为这种变易的本质特征便是盛衰之变。班固《汉书》的表、书之所以重视贯通古今,旨在揭示历史过程中的盛衰之变,如《异姓诸侯王表》反映的是自虞夏以来至汉初异姓诸侯王的兴衰史,《百官公卿表》记述了伏羲以来至汉代的官职变化情况,"十志"则旨在"通"的过程中了解各种典章制度的兴废与沿革,等等。杜佑的《通典》体现出了一种历史发展观。《通典》肯定今胜于古,提出"缅惟古之中华,多类今之夷狄"[1]的论断,否定正统儒家美化所谓三皇五帝为太平盛世的说法,反对人们褒三代、贬汉唐,认为"汉、隋、大唐,海内统一,人户滋殖,三代莫俦"[2];认为"立法作程,未有不弊之者"[3],因此制度变更乃"势"所必然,应该"随时立制,与事变通"[4]。司马光《资治通鉴》从探讨易道阴阳消长之理入手,论证人类社会历史呈现治乱兴衰交替运动变化。认为易道的变化其实就是阴阳变化,阴阳相须、相互依赖,体现了事物的稳定性;阴阳交际、相互矛盾,则体现了事物的变化。阴阳之变呈一种"物极必反"律,"阴极则阳生,阳极则阴生"[5],"阳盛则阴微,阴盛则阳微"[6],阴阳盛衰消长之变是普遍存在于宇宙万物之中的。天地万物皆有盛衰消长之变,因而人类社会也呈现出治乱兴衰之变动。"阴阳之相生,昼夜之相承,善恶之相倾,治乱之相仍,得失之相乖,吉凶

---

[1] 杜佑:《通典》卷一八五,中华书局1984年版。
[2] 杜佑:《通典》卷三十一,中华书局1984年版。
[3] 杜佑:《通典》卷三十一,中华书局1984年版。
[4] 杜佑:《通典》卷四十,中华书局1984年版。
[5] 司马光:《温公易说》卷六,上海古籍出版社1987年版。
[6] 司马光:《温公易说》卷五,上海古籍出版社1987年版。

之相反，皆天人自然之理也。"[1]郑樵的会通虽然是汇聚文献以贯通历史，而其目的则是为了"极古今之变"。《通志·总序》借着对孔子历史撰述的评价论述了这一思想："自书契以来，立言者虽多，惟仲尼以天纵之圣，故总《诗》《书》《礼》《乐》而会于一手，然后能同天下之文；贯二帝、三王而通为一家，然后能极古今之变。"这里"同天下之文""贯二帝、三王"之史，其目的都是为了"极古今之变"。章学诚也肯定历史撰述通古今之变的重要性，在谈到孔子《春秋》之义时，他认为是"纲纪天人，推明大道，所以通古今之变而成一家之言者"[2]。作为史评家，章学诚不但肯定历史的变易，而且认为史学也需要变易，他举例说："历法久则必差，推步后而愈密，前人所以论司天也；而史学亦复类此。"[3]

---

[1] 司马光：《温公易说》卷六，上海古籍出版社1987年版。
[2] 章学诚：《文史通义》卷五，《答客问上》，叶瑛校注本，中华书局1994年版。
[3] 章学诚：《文史通义》卷一，《书教下》，叶瑛校注本，中华书局1994年版。

三、"成一家之言"的创新思维

"成一家之言",即是要求史家必须在史学认识上见解独到,史书编纂上发凡起例,也就是具有一种创新的思维。中国古代史学从史学思想到历史编纂,都普遍力求"成一家之言",强调创新思维。

在中国古代史学史上,最早以"成一家之言"作为历史撰述旨趣的是司马迁。先秦学术虽有诸子百家的称说,却只有史学而没有史家,所以司马谈《论六家要旨》没有标立"史家"名目。司马迁提出"成一家之言",白寿彝先生认为这"是在史学领域里第一次提出了'家'的概念"[1]。那么司马迁所成史家之"言"的内涵又是什么呢?司马迁两次谈到"成一家之言"问题,其一是《史记》所载《报任安书》所说"网罗天下放失旧闻,略考其行事,综其终始,稽其成败兴坏之纪……凡百三十篇,亦欲以究天人之际,通古今之变,成一家之言"。其二是《太史公自序》所谓作《太史公

---

[1] 白寿彝:《中国史学史论集》,中华书局1999年版,第99页。

书》,"以拾遗补艺,成一家之言,厥协六经异传,整齐百夹杂语,藏之名山,副在京师"。其实这两处的记载,包含了史学认识与史书编纂两个方面的思想,也就是史家之"言"的具体内涵。

首先从史学认识来讲。《报任安书》这段话包含了两层意思,其中"究天人之际,通古今之变"是从研究对象而言,"网罗天下放失旧闻,略考其行事,综其终始,稽其成败兴坏之纪"则是从研究目的而言。从研究对象来看,《史记》的"成一家之言"包含了天人古今的内容。以时空关系而论,"究天人之际"指的是历史撰述的空间范围,"通古今之变"指的是历史撰述的时间跨度。合而言之,它们便是历史记载的全部对象。以理论思维而论,"究天人之际"体现的是一种哲学观,体现的是一种天人一系的整体思维;而"通古今之变"则是一种历史观,体现的是对历史整个过程的思考。从研究目的而言,《史记》的"成一家之言"包含了史料的搜集与考辨和"稽其成败兴坏之纪"两层含义。"网罗"史料,是史家进行历史研究和撰述的前提条件;而网罗的"旧闻"并不都能当作可信的资料加以使用,还必须要对此进行考实,以期揭示历史的真相。而历史研究的终极目的不只是去发现历史真相，还要去求得其中的真理，即要在揭示历史真相的基础上，发现和认识历史"成败兴坏"之变及其规律。而《史记》关于历史"成败兴坏"的"一家言"，则主要包括"载其清静，民以宁之"的政治观，"富者，人之情性"的经济观和"存亡在所任"的人才观[1]等三个方面。

其次从史书编纂而言。《史记》在史书编纂上的"一家言"，主要体现在创立了纪传体通史体裁。从历史编纂渊源来讲，先秦的《竹书纪年》是我国最早的一部编年体通史，这说明迟至战国末年，人们已经关注对历史的贯通考察；而《世本》则是一部包含"帝系""本纪""世家""传""谱""氏姓""居""作"等多种体例的史书，这表明先秦史书的历史编撰体例已由单一向综合发展。先秦史学的历史编纂成就，无疑对司马迁创立纪传体通史体裁是有重要影响的。然而《史记》贯通上下三千年，纪传叙事综罗百代、囊括古今、汇总百科，脉络清晰，可谓别出心裁，匠心独具，在历史编纂上足成一家之言。《史记》的纪传体包

---

[1] 参见《史记》卷五十四《曹相国世家》、卷六十九《货殖列传》、卷五十《楚元王世家》，中华书局1959年版。

括五种基本体例，即本纪、世家、列传、书和表。其中本纪以编年形式记载王朝更替的历史，是全书的大纲；世家记载封国诸侯王以及一些有特殊功业的历史人物；列传主要是以人物为主，同时还设立了一些民族史、外国史、经济史等传记；书专记历代典章制度及其沿革；表是以谱牒的形式囊括和明了错综复杂的史事，重在表现历史发展线索和大势。这五种体例合而言之，它们是融为一体的；分而言之，却又能自成体系。因此，《史记》实际上是一种综合体史书。司马迁首创纪传体历史撰述体裁，为后人提供了一种历史编撰的范式，正如清代史家赵翼所说的，"自此例一定，历代作史者遂不能出其范围"[1]。

司马迁以后的中国古代史学，都普遍重视"成一家之言"，这种史学创新思维也主要体现在史学认识与史书编纂两个方面，分述如下：

首先，史学认识的创新思维。史学认识的内容，主要包括史学目的论、方法论和主体论三个方面。中国古代史家在历史撰述实践中，都有自己的史学目的

---

[1] 赵翼：《廿二史札记》卷一，王树民校证本，中华书局1984年版。

论,从中体现出他们的创新思维。班固著《汉书》,明确提出以"宣汉"为其撰述目的,突出了史学为皇朝政治服务的特点。《汉书·叙传》明确阐明了班固作史的目的,即要使圣王之业"扬名于后世,冠德于百王"。在班固看来,"尧舜之盛,必有典谟之篇",据此目的,他"探纂前记,缀辑所闻,以述《汉书》",从而载录下汉皇朝的丰功伟绩,确定了汉皇朝的历史地位。[1]杜佑与司马光都是政治家兼史学家,他们各自撰述的《通典》与《资治通鉴》,都有鲜明的资治特色。《通典》为了"征诸人事,将施有政"[2],特以历代制度为对象,以"不录空言"为方法,以经邦致用为目的。《资治通鉴》为了"有资于治道",以"国家兴衰"和"生民休戚"为撰述对象,重视探讨历史盛衰之理,记载国计民生大事,以解决帝王周览历史的困难。

中国古代史家都强调史学研究要有"自得之学",重视方法创新。李贽的历史评论重视"一切断于己意",强调评价历史要通过理智的判断来避免盲目信从。其所作《藏书》对于历史人物的划分与评价,表现出了

---

[1] 《汉书》卷一百下,《叙传》,中华书局1962年版。
[2] 杜佑:《通典·自序》,中华书局1984年版。

与正统观念不同的思想,如称赞秦始皇为"千古一帝"、陈胜为"匹夫首创",肯定理财富国的历史人物,甚至突破"忠臣不事二主"的道德框框,等等。黄宗羲提倡自得之学,《明儒学案·凡例》说:"学问之道,以各人自用得着为真。凡倚门傍户,依样葫芦者,非流俗之士,则经生之业也。"黄宗羲甚至认为,哪怕是"一偏之见",或是"相反之论",只要是自己的心得,便是真学术、真学问。《明儒学案》即是这种自得之学的最好体现。章学诚也倡导学术要"独断一心"。他说:"所以通古今之变,而成一家之言者,必有详人之所略,异人之所同,重人之所轻,而忽人之所谨,绳墨之所不可得而拘,类例之所不可得而泥,而后微茫杪忽之际,有以独断于一心。"[1]

中国古代史家,尤其是史学理论家,对史学主体——史家的修养也提出了自己的看法。刘知幾的史家修养论即是著名的"史才三长"说。《旧唐书·刘子玄传》记载了礼部尚书郑惟忠曾经问刘知幾"自古以来,文士多而史才少,何也?"刘知幾答以"史才须有三长,

---

[1] 章学诚:《文史通义》卷五,《答客问上》,叶瑛校注本,中华书局1994年版。

世无其人,故史才少也"。接着刘知幾对才、学、识之史家"三长"及其相互关系作了阐述。刘知幾所谓史才,是指驾御文献资料以及史书编纂与文字表述等的能力;史学,是指各种文献知识与编纂知识等;史识,是指史家的胆识、器识,即是"好是正直,善恶必书",认为这是史识的"善无可加,所向无敌者"的最高境界。"史才三长"说是中国古代史学最早提出的史家全面修养论。明代史评家胡应麟著《史学占毕》,提出了关于史家修养的公心、直笔之"二善"说,强调了史家品质修养的重要性。胡应麟认为,刘知幾的才、学、识"三长"论并不足以概括史家的全部修养,史家除去具备"三长"外,还应具有公心、直笔之"二善"。"二善"说成为清代章学诚"史德"说的前导。章学诚的《文史通义》专立《史德》一篇,对这一史家修养理论作了系统阐发。章学诚认为,作为良史,除去具备才、学、识"三长"外,还应该具有"史德"。所谓史德,即"著书者之心术"。如何摆正心术?章学诚提出的标准是"当慎辨于天人之际,尽其天而不益以人",即是强调治史要忠于客观事实,而不掺杂着自己的主观偏见。章学诚"史德"论的提出,进一步完善了中国古代史学史家修养论。

其次,史书编纂的创新思维。史书编纂的创新思维,即表现在史学实践中史书体裁的创新与发展上,也表现在关于史书体裁的理论论述上。史学实践中史书体裁的创新,可以杜佑《通典》、袁枢《通鉴纪事本末》、朱熹《通鉴纲目》和黄宗羲《明儒学案》为代表。杜佑《通典》在史书体裁上的创新思维,体现在典志体通史的创立上。该书在体裁上统括史志、融会贯通,在体例上分门起例、重视议论,开创了典制体撰述新格局。梁启超《中国历史研究法》一书称其"统括史志"而"卓然成一创作",是"史志著作之一进化"。袁枢《通鉴纪事本末》改编司马光《资治通鉴》而成,却创立了纪事本末体之新体裁,突出了历史记述事件的完整性。章学诚评价此体的优点是"文省于纪传,事豁于编年"[1];梁启超称赞其为"旧史界进化之极轨也"[2]。朱熹《资治通鉴纲目》则是出于明理的需要而对司马光《资治通鉴》进行了改编,却创立了纲目体之新的

---

[1] 章学诚:《文史通义》卷一,《书教下》,叶瑛校注本,中华书局1994年版。

[2] 梁启超:《中国历史研究法》,东方出版社1996年版,第24页。

史书体裁。按照《通鉴纲目序》所说,该书的体例是"表岁以首年,因年以著统,大书以提要,分注以备言","纲"为史事提纲,"目"为"纲"的具体叙述,黄宗羲称赞该史体的特点和好处是"纲举而不繁,目张而不紊,国家之理乱,君臣之得失,如指诸掌"[1]。黄宗羲《明儒学案》所创立的学案体,开创了学术史研究新格局。该书的编纂体例,由序、传记和资料选辑三部分组成,其中序旨在理清学派渊源与脉络,传记叙述案主学术及宗旨,资料选辑围绕案主学术宗旨去纂要钩玄其史料。《明儒学案》的问世,为后世学术史撰述标立一定之规。

史学实践中传统史书体裁也得到了新的发展,以司马光《资治通鉴》、郑樵《通志》和马端临《文献通考》为代表。司马光《资治通鉴》完善了传统编年纪事法,其具体做法是以正史"本纪"为经,以"传"为纬,将"志"的内容编入相当之年,又充分运用追叙、补叙、并叙、带叙等方法,将传统纪传体、编年体的优点尽量荟萃为一炉,尽可能地突出事件的完整

---

[1] 黄宗羲:《宋元学案·晦翁学案附录》,中华书局1986年版。

性，从而直接启发了袁枢纪事本末体和朱熹纲目体的创立。郑樵著《通志》是一部大型纪传体史书，其历史编纂虽然取法司马迁《史记》，却重视汇聚文献、贯通史事而"成一家之言"，章学诚《文史通义·申郑》评价说："郑樵生千载而后，慨然有见于古人著述之源，而知著作之旨，不徒以词采为文，考据为学也……而独取三千年来遗文故册，运以别识心裁，盖承通史家风，而自为经纬，成一家言者也。"马端临的《文献通考》不但进一步增加了典制体史书的门类，而且重视区定类例，会聚文献，凸显了该书取材广博、网罗宏富的特点。同时在史书编纂上采用文、献、注（亦称考）三原则。这里的"文"指叙事，重在搜集与考信史料；"献"指论事，即对历代史事与人物的评论；"注"指马端临自己的议论和见解，为其"研精覃思"之心得。

史书体裁的理论论述，主要体现在刘知幾和章学诚的史学理论中。刘知幾《史通》通过对中国古代历史编纂发展的考察，提出了著名的"六家二体"说，即《六家》篇所言《尚书》《春秋》《左传》《国语》《史记》和《汉书》六家，《二体》篇所言纪传体和编年体。

"六家"是综合史籍源流、类别、体裁而言,"二体"主要是就体裁而言,这是刘知幾关于传统历史编纂的"一家之言",得到后代史家的普遍认同。清代学者浦起龙在所著《史通通释举要》中说:"《史通》开章提出四个字立柱棒,曰'六家',曰'二体'。此四字刘氏创发之,千古史局不能越。"章学诚关于史书体裁的理论认识,一是肯定史书体裁演变的必然性。《文史通义·书教下》对《尚书》以来至班固《汉书》之历代史书体裁的发展变化作了具体论述,阐述了史书体裁变化的规律及其特点,一言以蔽之即是知变通。二是对传统史书纪传、编年和纪事本末三大体裁进行了评述,指出纪传体"类例易求而大势难贯",编年体"能径而不能曲"[1],对纪事本末体则颇为赞赏,认为有化腐朽为神奇之功[2]。三是提出了自己关于新史体的构想。主要分为三个部分,其一是"本纪",即按照年代编写大事纪要;其二是"传","因事命篇";其三是"图""表"。

---

[1] 章学诚:《章学诚遗书》卷七,《史学别录例议》,文物出版社1982年版。

[2] 章学诚:《文史通义》卷一,《书教下》,叶瑛校注本,中华书局1994年版。

章学诚虽然没有作成新史体撰述，然而这种编纂思维无疑是其创新精神的体现。

四、以史为鉴的鉴戒思维

"以史为鉴"，即是强调历史的鉴戒功能。中国古代史学研究历史，往往植根于高度的社会历史和民族国家的责任感与使命感，本着强烈的历史忧患意识，通过书写历史的兴亡成败，以为现实政治作借鉴，体现了重视经世致用的特点。

中国古代史学"以史为鉴"的鉴戒思维，最早系统而明确地产生于《尚书》，《尚书·酒诰》说："古人有言曰：人无于水监（鉴），当于民监。今惟坠厥命，我其可不大监抚于时。"表达了周初统治者要以殷朝灭亡的历史作为一面镜子的想法。当然，这里"古人有言曰"，说明这种以史为鉴的思想还可以上溯到更远的时期。《尚书》中的《康诰》《召诰》《多士》《多方》《无逸》《君奭》和《立政》等篇，都有关于夏、商兴亡的讨论，如《召诰》就说，"我不可不鉴于有夏，亦不可不鉴于有殷"，表明了周人要以夏、商的灭亡作借鉴的执政理念。那么,《尚书》的作者为何有如此强烈的以史为鉴的思想呢?这是与西周初年严峻的政治形势分不开的。历史上的周灭商,其实是"小邦周"灭了"大邑商""大邦殷",所以取得统治的周人自然产生了强烈的忧患意识。对于商周之际周人的忧患意识,《易传》也有反映,《系辞下》说:"《易》之兴也,其于中古乎?作《易》者,其有忧患乎?"又说:《易》之为书,"其出入以度外内,使之惧,又明于忧患与故"。在《易传》的作者看来,《易经》所反映的是商、周之际政治盛衰转换的那段历史,所以其文辞饱含着一种忧患的意识。周朝正是因为有着强烈的忧患意识,所以才会强烈地要以殷朝的灭亡作为自己的借鉴。也可以说,《尚书》的以史为鉴思维,其实是周初稳定统治的迫切政治需要。

在中国古代史学史上,像《尚书》这样出于现实政治统治的迫切需要而强调以史为鉴的,汉初史学的"过秦"思潮和唐初史学的"以隋为鉴"最具代表性。

汉朝继秦而建,统治集团亲身参加了反秦战争,亲眼目睹了秦朝的败亡。强大的秦朝二世而亡的教训,加上汉初严峻的开国形势,使得统治者产生了强烈的忧患意识和严重的危机感,他们迫切需要时代史学能认真总结秦朝败亡的原因,以便从中汲取历史的教训,"过秦"思潮应运而生。在汉初史学这股"过秦"思潮中,史学家陆贾和贾谊对于秦朝败亡的认识最为深刻,也最具代表性。《史记》本传记载,陆贾曾与刘邦辩论"居马上得之,宁可以马上治之"的问题,他明确指出:"居马上得之,宁可以马上治之乎?且汤武逆取而以顺守之,文武并用,长久之术也。"这里的"逆取""顺守",体现了陆贾对于历史治乱兴衰的深刻理解。以此反观秦朝,陆贾认为"秦非不欲治也,然失之者,乃举措太众、刑罚太极故也"[1]。也就是说秦朝只知"逆取"而不知"顺守"的道理,"举措太众、刑罚太极"即是秦朝统治败亡的原因。贾谊曾作三篇《过秦论》,对秦朝的灭亡进行了深刻的反思。他说:秦"以六合为家,崤函为宫;一夫作难而七庙隳,身死人手,为天下笑者,何也?仁心(又作仁义)不施而攻守之

---

[1] 陆贾:《新语》卷上,《无为》,王利器校注本,中华书局1986年版。

势异也"[1]。这里关于秦朝败亡原因的分析,与陆贾所见非常一致,也是认为其不懂得"攻守势异"的道理,而一味暴政,不以仁义之道治理国家。陆贾和贾谊等人的"过秦"思想,对于西汉初年确立政治统治思想产生了重要影响。

唐朝继隋而建,统治者对于隋朝的灭亡有亲身感受,为了避免重蹈亡隋覆辙,也非常重视以史为鉴。早在武德四年(621年),史学家、起居舍人令狐德棻就正式向唐高祖提出撰写前代史的建议,其理由是"如文史不存,何以贻鉴今古?"[2]提出了以史为鉴的思想。史臣的建议暗合了唐高祖的意愿,他下达了《命萧瑀等修六代史诏》,这"六代史"分别为北魏、北周、北齐、梁、陈和隋六朝历史。并指出修史的目的是"惩恶劝善,多识前古,贻鉴将来"[3],再次表达了以史为鉴的思想。唐太宗即位后,贞观君臣深知"以古为镜"的道理,很快组织撰成了"五代史",即《北齐书》《北

---

[1] 贾谊:《新书·过秦上》,载《贾谊集》,王洲明、许超校注本,人民文学出版社1996年版。

[2] 《旧唐书》卷七十三,《令狐德棻传》,中华书局1975年版。

[3] 宋敏求编:《唐大诏令集》卷八十一,《命萧瑀等修六代史诏》,中华书局1983年版。

周书》《梁书》《陈书》和《隋书》。"五代史"最突出的是其鉴戒特色，这集中体现在各书关于亡国之论上。纵观"五代史"的亡国之论，主要阐发了两个思想：一是历史兴亡在人不在天。如《北齐书》就认为："齐氏之败亡，盖亦由人，匪唯天道也。"[1] 二是亡国之君亡在失民。如《梁书》认为梁朝的灭亡是末代统治者"搯克聚敛，侵愁细民"[2] 的结果。当然，贞观君臣最为重视的还是以隋为鉴。魏徵是贞观著名谏臣，也是《隋书》的主修者，《隋书》的史论和"五代史"的总论皆出自其手。魏徵曾上书唐太宗，希望对隋唐易鼎的历史进行研究，以"能鉴彼所以亡，念我所以得"。又说："臣愿当今之动静，以隋为鉴，则存亡治乱可得而知。"[3] 其主修的《隋书》篇篇纪传有史论，少则近百字，多者几百上千字，集中表达了史臣的以隋为鉴思想。《隋书》通过比较秦、隋的历史，得出了二者大较相类的结论："隋之得失存亡，大较与秦相类。始皇兵吞六国，高祖统一九州，二世虐用威刑，炀帝肆行猜毒，皆祸

---

[1] 《北齐书》卷八，《幼主纪》，中华书局1972年版。
[2] 《梁书》卷五十三，《良吏传序》，中华书局1973年版。
[3] 《新唐书》卷九十七，《魏徵传》，中华书局1975年版。

起于群盗，而身殒于匹夫。"[1] 唐太宗也非常重视以隋为鉴，据史书记载，他常痛"炀帝骄暴而亡"，而谓侍臣"常宜为朕思炀帝之亡"。[2] 对于魏徵等人以亡隋为鉴进说多能采纳，以至于魏徵去世后，自觉失去了一镜[3]。在一定程度上，贞观盛世的缔造，与唐初史学以隋为鉴的思想是分不开的。

中国古代史学的以史为鉴，不但突出表现在新朝初建时期，而且也一以贯之地体现在整个古代史学的发展过程中。司马迁《史记》在谈论古今关系时，即指出："居今之世，志古之道，所以自镜也。"[4] 他是要将"古"作为"今"的一面镜子，体现的是一种历史借鉴的思想。班固《汉书》旨在"宣汉"，同时也重视"究其终始强弱之变，明监戒焉"[5] 之史学借鉴功能。荀悦肯定历史撰述的根本作用在于鉴戒，他说："君子有三鉴，世人镜鉴。前惟顺（训），人惟贤，镜惟明。夏商

---

[1] 《隋书》卷七十，《后论》，中华书局1973年版。
[2] 《资治通鉴》卷一九四，《唐纪十》，中华书局1956年版。
[3] 《旧唐书》卷七十一，《魏徵传》，中华书局1975年版。
[4] 《史记》卷十八，《高祖功臣侯者年表序》，中华书局1959年版。
[5] 《汉书》卷十四，《诸侯王表序》，中华书局1962年版。

之衰，不鉴于禹汤也。周秦之弊，不鉴于民下也。侧弁垢颜，不鉴于明镜也。故君子惟鉴之务。"[1]在这"三鉴"当中，史鉴无疑是第一位的。统治者如果不以史为鉴，不去吸取历史的经验教训，国家就不可能得到治理。刘勰《文心雕龙·史传》说："原夫载籍之作也，必贯乎百氏，被之千载，表征盛衰，殷鉴兴废。"[2]常璩在所著《华阳国志》的《序志》篇中指出，撰述历史旨在使"天人之际，存亡之术，可以为永鉴矣。"从这些表述可以看出，汉晋时期的史家对于历史的借鉴作用都有普遍认识。

宋代以后的中国古代史学，随着哲理化程度的不断提高，以史为鉴的鉴戒思想明显得到了升华，司马光、王夫之的以史为鉴论堪为代表。司马光著《资治通鉴》，在《进资治通鉴表》中说道：《资治通鉴》的撰写，是为了"鉴前世之兴衰，考当今之得失，嘉善矜恶，取是舍非，足以懋稽古之盛德，跻无前之至治"。《资治通鉴》这一史学目的论是非常明确的，它就是要借助于历史的记述与评论，让人们从中"鉴"得以往历

---

[1] 荀悦：《申鉴》卷四，《杂言上》，上海古籍出版社1990年版。
[2] 刘勰：《文心雕龙·史传》，中华书局1962年版。

史的治乱兴衰，然后以古观今，"考当今之得失"，在通过对历史与现实政治的"嘉""矜""取""舍"这一番功夫后，最终达到以史为用、以史资政的目的。司马光这样一种鲜明的历史撰述目的，加上《资治通鉴》博大精深的史学内涵和高超的历史编纂技巧，它们有机地结合在一起，使得《资治通鉴》一书很好地凸显了史学的经世致用功能。

王夫之著《读通鉴论》，肯定史学是一种鉴往知来之学，并对"资治"和"鉴"作了理论阐发。王夫之说："所贵乎史者，述往事以为来者师也。为史者，记载徒繁，而经世之大略不著，后人欲得其得失之枢机以效法之，无由也。"[1] 在王夫之看来，史学的目的是为了"述往事以为来者师"，因此，它的重点是记载"经世之大略""得失之枢机"。王夫之反对将史学视为一种"藻悦之文"的做法，认为历史撰述"徒为藻悦之文，而无意于天下之略也，后起者其何征焉？"[2] 也反对将史学仅仅当作一门知识来看待，认为"曰'资治'

---

[1]　王夫之:《读通鉴论》卷六，中华书局 1998 年版。
[2]　王夫之:《读通鉴论》卷六，中华书局 1998 年版。

者，非知治知乱而已也，所以为力行求治之资也"[1]。即是说要从对历史的学习中求得治理国家之"资"。那么，究竟应该如何以史为鉴？王夫之形象地将史"鉴"与悬挂于壁上之"鉴"作以比较，对此作了阐述。他说："故论'鉴'者，于其得也，而必推其所以得；于其失也，而必推其所以失。其得也，必思其易其迹而何以亦得；其失也，必思救其偏而何以救失。乃可为治之资，而不仅如鉴之徒悬于室，无与照之者也。"[2]这就是说，读史须发挥主观能动性，必须推究其治乱兴衰之所以然，这样的史学才是真正的经世之学、致用之学。

五、"求真"与"求道"的二重性思维

"求真"与"求道"，是中国古代史学关于历史之"真"的一种认识。在中国古代史学中，历史之"真"包含着史实之真与道义之真两个方面，前者旨在反映历史的本来面目，后者是基于一种伦理道德的判断，我们将这样一种求真理念称作二重性思维。这种"求

---

[1] 王夫之：《读通鉴论》卷末，《叙论四》，中华书局1998年版。
[2] 王夫之：《读通鉴论》卷末，《叙论四》，中华书局1998年版。

真"与"求道"的二重性思维，要求中国古代史学一方面要追求史实之真，从历史的真实中去认真总结经验教训，探求历史治乱兴衰的道理；另一方面也要追求道义之真，从神意角度论证王权的合理合法性，发挥历史学的道德教化功能。

首先谈"求真"，即追求史实之真。在中国古代史学发展过程中，史学家们始终致力于追求史实之真，并且在史学"求真"实践过程中，积累了丰富的思想。

第一，先秦史家求真精神的产生。最能体现先秦史家求真精神的，当属"太史简"。据《左传》襄公二十五年载，春秋时期的齐国权臣崔杼因齐太史书"崔杼弑其君"而连杀其兄弟三人，最后因太史弟继续坚持书写而作罢，"太史简"的故事成为春秋史官崇尚并践行"秉笔直书"原则的典范。先秦史家求真精神在史著中的体现，则以《春秋》和《左传》为代表。孔子《春秋》虽然重用褒贬避讳书法，却又能站在道德批判的角度，对尊、亲、贤者违礼行径不加回护，并且尽可能地"把二百余年的臣弑君、子弑父的场景淋漓尽致地展现给后世的人们"[1]。同时孔子也重视文献的实证,《春秋》的编次乃其"西观周室,论史记旧闻,兴于鲁而次《春秋》"[2]的结果。《左传》记事详尽,书法不讳,刘知幾称赞其"善恶毕彰,真伪尽露",并从叙事角度发出"向使孔经独用,《左传》不作,则当代行事,安得而详者哉"[3]的感叹。先秦史学崇尚求真精神,首先是与史官起源的神圣性有关。史官起源于巫,原为神职,而巫是沟通天人的,作史记事是为了禀报于天。这种带有神学目性的记事,必须要求真实。其次也与对历史知识鉴戒作用的认识有关。如《易·大畜·象传》说:"君子以多识前言往行以畜其德";《诗经·大雅·荡》说:"殷鉴不远,在夏后之世";《尚书·召诰》说:"我不可不鉴于有夏,亦不可不鉴于有殷";《春秋》"窃取"警世教化之义,等等,鉴戒使历史记载的真实性成为一种必然。

第二,两汉史学实录精神的彰显。司马迁《史记》

---

[1] 吴怀祺:《中国史学思想史》,第56—57页,商务印书馆2007年版。
[2] 《史记》卷十四,《十二诸侯年表序》,中华书局1959年版。
[3] 刘知幾:《史通》卷十四,《申左》,浦起龙通释本,上海古籍出版社2009年版。

以实录著称,其史学求真思想首先表现在对史料的搜集与考辨上。《史记》的史料搜集,引用《太史公自序》的话来说,是"网罗天下放失旧闻"。纵观《史记》的史料种类,主要有文献资料和口碑资料,前者即所谓"史记石室金匮之书"和"天下遗文古事",后者则为司马迁游历各地,实地调查,访古稽闻得来的。此外,《史记》中还运用了很多诗歌俚谚、文物图像等材料。而《史记》的考辨史料,奉行"折中于夫子"[1]"考信于六艺"[2]的原则,但也重视实地调查材料的印证。其次表现在历史叙事上的"善恶必书"和传信传疑上。这两种书法贯穿于《史记》的始终,在很大程度上避免了历史记述的个人感情色彩和主观性。班固《汉书》虽以"宣汉"为旨趣,却也追求实录精神。《汉书》重视史料的核实,对于武帝以前的汉代史实基本上以《史记》为依据,后人批评其"尽窃迁书"[3],其实恰恰反映了班固忠于史事的撰述态度。对于《史记》所不载的材料使用则非常审慎,添加必须有充分证据,否则就

---

[1]《史记》卷四十七,《孔子世家》,中华书局1959年版。
[2]《史记》卷六十一,《伯夷列传》,中华书局1959年版。
[3] 郑樵:《通志·总序》,中华书局1987年版。

"阙疑"。叙事不为汉讳,其中最具代表性的,是对文景盛世政治的批评。如《贾邹枚路传》借贾山之口批评汉文帝居功荒政,借路温舒之口对景帝时期出现的冤狱情况提出批评;《贾谊传》将汉文帝时期的政局比喻作如同寝于未燃之时的积薪之上,等等。

第三,魏晋南北朝隋唐史学求真思想的发展。一是主张史料的汇集与考辨。这一时期的史家开始采用史注的形式对前史进行史料的补充和考辨,如裴松之的《三国志注》等就是如此。史家们还从理论上对此作出说明,如刘勰《文心雕龙·史传》认为,历史撰述应该"文疑则阙,贵信史也"。刘知幾"恶道听途说之违理,街谈巷议之损实"[1]。二是强调史文表述要准确恰当。裴松之主张历史叙事应做到文实相称,"凡记言之体,当使若出其口。辞胜违实,固君子所不取,况复不胜而徒长虚妄哉?"[2]刘知幾主张史文表述应该

---

[1] 刘知幾:《史通》卷五,《采撰》,浦起龙通释本,上海古籍出版社2009年版。
[2] 《三国志》卷二十二,《魏书·陈群传附陈泰传注》,中华书局1959年版。

"简而且详,疏而不漏"[1]。三是推崇历史记载的秉笔直书。刘勰认为史家写史不能"任情失正",而应秉持"素心""析理居正",以公正的态度"按实而书",做到"述远"不"诬矫","记近"不"回邪"[2]。刘知幾《史通》专辟《直书》《曲笔》等篇,对直书问题作出了较为系统的理论探讨。一方面对产生直书与曲笔的原因进行了分析,认为既有社会因素,也有史家个人品质因素;另一方面表达了以"宁为兰摧玉折,不为瓦砾长存"[3]的气概,以及"爱而知其丑,憎而知其善"[4]的理智,去追求"善恶必书"的思想。

第四,宋元明清时期史学实证风气的兴盛。史学实证风气开始于宋元,其具体表现,一是重视新史料的运用。如欧阳修收集并运用金石资料以证史传的"阙缪"而著成《集古录》一书,开启了金石考史的新的学

---

[1] 刘知幾:《史通》卷八,《书事》,浦起龙通释本,上海古籍出版社2009年版。

[2] 刘勰:《文心雕龙·史传》,中华书局1962年版。

[3] 刘知幾:《史通》卷七,《直书》,浦起龙通释本,上海古籍出版社2009年版。

[4] 刘知幾:《史通》卷十四,《惑经》,浦起龙通释本,上海古籍出版社2009年版。

术路径；郑樵强调"索象"功夫，重视对实物图谱的研究，以此同传世文献相佐证。二是重视史料的考证。司马光对所撰《资治通鉴》自著自考，成《通鉴考异》一书，《四库全书总目提要》称赞说："修史之家，未有自撰一书，明所以去取之故也，有之，实自光始。"元初胡三省的《音注资治通鉴》通过校勘、辨误、考订、音训等文献学手法，从记事、地名、建置、制度、音读等多重角度，对《资治通鉴》作了一个全面的学术梳理。三是强调实践的重要性。史家通过实际调查以获取真知，用以丰富历史撰述，或者考订文献讹误。郑樵《通志·二十略》的很多内容，都是将理论与实践进行"参合"的结果。

清代历史考证之风大盛，其主要表现，一是清初实学思潮的兴起。实学代表人物之一顾炎武重视历史考证，他主张从小学入手，求得训诂名物的真意，"读九经自考文始，考文自知音始，以至于诸子百家之书，亦莫不然"[1]。强调考镜源流的功夫，按照潘耒在《日知录序》中的说法，叫作"疏通其源流，考证其谬误"。

---

[1] 顾炎武：《顾亭林诗文集》卷四，《答李子德书》，载《顾炎武全集》第21册，上海古籍出版社2011年版。

重视广求证据，反对作"杜撰无根之语"[1]。二是乾嘉考史的兴盛。以王鸣盛、钱大昕和赵翼最具代表，被称为乾嘉三大考史家。其中王鸣盛的《十七史商榷》所商榷的内容如该书自序所言，主要包括"改讹文，补脱文，去衍文，又举其中典制事迹，诠解蒙滞，审核舛驳"。钱大昕《廿二史考异》的主要内容，包括文字校勘、典制考释和名物训诂等方面。赵翼的《廿二史札记》按照自序的说法，是"就正史纪传表志中，参互校勘"，即是"以史证史"，包括对于各正史史料取舍与史实真伪的考证。以三大考史家为代表的乾嘉考史，在名物考证、章句注疏、声韵训诂和校勘辑佚等方面，为史籍整理做出了重要贡献。

其次谈"求道"，即追求道义之真。与"求真"追求客观事实之真不同，"求道"则是基于一种主观的价值或道德判断，其基本思想主要表现在从神意的角度去论证王权的合法性和自觉地维护纲常伦理道德两个方面。中国古代史学既追求史实之真，更追求道义之真，史实之真必须服从于道义之真。

---

[1] 顾炎武:《日知录》卷十六,《经义论策》,秦克诚点校本,载《顾炎武全集》第18册,上海古籍出版社2011年版。

第一章　传统史学的思维特征

第一，从神意的角度去论证王权的合法性。王权是政治统治的基础和根本，只有合乎法理的王权，才能建立起有效的统治。中国古代史家论证王权的合法性，往往从神意的角度作出说明，主要理论有如下数种：

其一，宣扬"神器有命"。中国古代史学认为，王权是一种神器，来自于天命，而非人力所为。《尚书》将王权之"得"看作是天命所归，《召诰》说："有夏服天命""有殷受天命"；《多士》则说："有周佑命"。中国古代史学把王权的"失"也看作是天命使然，《汤誓》说："有夏多罪，天命殛之"；《牧誓》记载武王灭纣乃"惟恭行天之罚"。两汉之际的史家班彪，曾作《王命论》一篇，系统宣扬"神器有命"思想，以维护刘汉正统。在班彪看来，汉绍尧运已是著明于《春秋》的，而刘邦斩蛇，"神母夜号"，则是汉兴的符应，刘邦建汉，乃"神器有命"，非智力所求。[1]

其二，宣扬"圣人感生"。中国古代史学认为，君王乃感天而生。《诗经》最早宣扬这种"感生"说，《商

---

[1] 《汉书》卷一百上，《叙传》，中华书局1962年版。

颂·玄鸟》《商颂·长发》与《大雅·生民》《鲁颂·闷宫》等诗篇分别为商、周始祖的降生缔造了吞卵、履迹的天生神话传说。这种神话传说的缔造，一方面是对圣人与王朝诞生的真实迷信，一方面也是有意凸显王权的神圣性。《诗经》的"感生"说被西汉今文经学大力宣扬，司马迁《史记》受此影响，也重视宣扬这种"感生"说。对此前文已有论述，此不赘言。这种"感生"说，在此后历代正史特别是涉及开国之君的历史撰述中，往往不断被加以宣扬。

其三，宣扬"圣人同祖"。中国古代史学认为，建立君王之业者，往往都是圣王之后。如前文所说，司马迁《史记》提出"同祖黄帝"说，《五帝本纪》和《三代世表》具体交代了自黄帝至商周的血缘世系，旨在宣扬"天之报有德"[1]的思想。班固则对"汉为尧后"说作了大力宣扬。为了说明刘氏乃圣王尧的后代，所以建汉乃天命所归，《高帝纪赞》通过考出具体而又系统的汉绍尧运的刘氏家族世系，由此论证了"汉承尧运，德祚已盛，断蛇著符，旗帜上赤，协于火德，自然之应，

---

[1]《史记》卷十三，《三代世表》，中华书局 1959 年版。

得天统矣"这样一个天命王权诞生的必然性。历代正史都重视宣扬"圣人同祖"说,特别是一些民族史撰述中,民族政权的建立者更重视将自己的血缘与古圣王联系起来。

其四,宣扬"五德终始"。五德终始说也叫符命说,如前文所说,它是一种政权更替学说。其基本思想是肯定天人感应,人间政权的更替,上天会降下祥瑞符应,以示天命所归,而天命之序则是木、火、土、金、水相生之序。如陈寿《三国志·魏书·文帝纪》记载,曹丕称帝之前46年与称帝之年两次"黄龙见谯",谯地出现黄龙,自然是曹丕当以土德上接刘汉火德的一种征兆或符命。范晔《后汉书·光武帝纪》叙述刘秀登基前,强华从关中捧来《赤伏符》,上书刘汉火德再兴的谶语。范晔说:"王者受命,信有符乎?不然,何以能乘时龙而御天哉!"这一思想,也是传统史学特别是历代正史作者的普遍思想。

第二,对于纲常伦理道德的自觉维护。中国古代的纲常伦理道德,不同历史时期的表述有所不同,先秦为礼法,两汉为道义,晋唐为名教,宋明为天理,却都是指以儒家三纲五常学术思想为核心,旨在维护社会等级秩序的一种规范。在以儒学为统治思想的中国古代，这种纲常伦理道德自然也就成为历史撰述的最高标准，必须加以自觉维护。

先秦历史撰述重视礼法。以记"赵盾弑其君"而著称的"董狐笔"，堪为遵守礼法的典型书法。据《左传》宣公二年记载，虽然"赵盾弑其君"并非史实之真，然而董狐却认为赵盾应该"为法受恶"，他的理由是："子为正卿，亡不越竟，反不讨贼，非子而谁？"孔子作《春秋》，也是旨在通过褒贬书法，来维护礼法。《孟子·滕文公下》说，"孔子成《春秋》而乱臣贼子惧"，肯定《春秋》发挥了警世、教化的作用；司马迁《史记·太史公自序》也说，"《春秋》者，礼义之大宗也"，道出了孔子《春秋》重在持守礼法的撰史旨趣。

两汉历史撰述重视道义。班固《汉书》以"旁贯《五经》"[1]为撰述原则，以儒家圣人的是非为是非。他站在儒家正统主义角度批评司马迁《史记》的"大道"观，认为其"论大道则先黄老而后六经""是非颇缪于圣人"。荀悦《汉纪》提出"立典有五志"论："一曰达

---

[1]《汉书》卷一百下，《叙传》，中华书局1962年版。

道义，二曰彰法式，三曰通古今，四曰著功勋，五曰表贤能。于是天人之际、事物之宜粲然显著，罔不能备矣。"[1] 这里首要一条就是"达道义"，即是要求历史撰述要以纲常伦理道德为旨归。荀悦说："仁义之大体在于三纲六纪""施之当时则为道德，垂之后世则为典经。"[2]

魏晋南北朝隋唐历史撰述重视名教。如前文所说，袁宏的《后汉纪》即以"通古今而笃名教"[3]为其撰述旨趣，认为"夫君臣父子，名教之本也"[4]。刘知幾的直书观也明显表现出了重视名教思想的特点。《史通·曲笔》在谈论直书与名教的关系时作如是说："肇有人伦，是称家国。父父子子，君君臣臣，亲疏既辨，等差有别。盖'子为父隐，直在其中'，《论语》之顺也。略外别内，掩恶扬善，《春秋》之义也。自兹已降，率由旧章。史氏有事涉君亲，必言多隐讳，虽直道不足，而名教存

---

[1] 荀悦：《汉纪》卷一，《高祖纪》，载《两汉纪》上，中华书局2002年版。
[2] 荀悦：《汉纪》卷二十五，《成帝纪》，载《两汉纪》上，中华书局2002年版。
[3] 袁宏：《后汉纪·自序》，载《两汉纪》下，中华书局2002年版。
[4] 袁宏：《后汉纪》卷二十六，《献帝纪》，载《两汉纪》下，中华书局2002年版。

焉。"在刘知幾看来，家国的根本在于人伦，重视纲常名教是天经地义的，也是《论语》之教导、《春秋》之大义。

宋元明清历史撰述重视天理。范祖禹著《唐鉴》，从理学角度将武周 21 年统治历史看作是"母后祸乱"时期，纪年方式完全援引《春秋》"公在乾侯"例，以此申明褒贬之义。该书叙史、论史，处处皆以天理的标准。朱熹的《资治通鉴纲目》是一部"会归一理之纯粹"的史学著作，其"义正而法严，辞核而旨深，陶铸历史之偏驳，会归一理之纯粹，振麟经之坠绪，垂懿范于将来，盖斯文之能事备矣"[1]。章学诚认为，历史撰述的目的是"传述忠孝节义"，使"纲常赖以扶持，世教赖以撑住"。[2]《文史通义》的很多篇章如《史德》《妇学》《诗话》等，都是以宣扬纲常伦理道德为旨趣的。

上述五种思维形式，虽然不能完全反映中国古代

---

[1] 李方子：《资治通鉴纲目后序》，载朱熹《资治通鉴纲目》，四库全书本。
[2] 章学诚：《文史通义》卷八，《答甄秀才论修志第一书》，叶瑛校注本，中华书局 1994 年版。

史学思维的全部特征，却也大致揭示了其主要特征。通过对这些思维特征的具体阐述，可以在一定程度上帮助我们了解中国史学思想的民族特性，以便更好地继承中国古代史学思想这份宝贵遗产。

第二章 传统史学的"求真"理念

"求真"是史学的根本要求。传统史学如何做到"求真",它要求史家既要有品德、责任感和勇气,也要有史才、史学和史识,还应掌握征实求信的科学的治史方法。传统史学的"求真"呈现出明显的二重性特点,它既是指一种史实之"真",也包含着一种道义之"真"。

一、"求真"是传统史学的根本要求

传统史学一贯重视以"求真"为其根本要求或所应遵守的法度。前述《左传·宣公二年》记载的"赵盾弑其君"和"襄公二十五年"记载的"崔杼弑其君",其书法不隐的精神就深得孔子赞许,被后人视为楷模。孔子作《春秋》，不但按照"董狐笔"和"太史简"的书法记载晋、齐弑君之事，而且整部《春秋》都体现了只记人事而不记诬妄之说的特点。对于先秦史家这种"求真"理念，白寿彝先生通过列举《左传·庄公二十三年》"君举必书。举而不书，后嗣何观？"等例子后作如是说："从这些引文里看到，直书就是当时史官所应当共同遵守的法度。……史官本是神职，有自己的神圣的职守，这就可能要求最大的忠实。"[1]不仅肯定了直书是当时史官所应遵守的法度，还具体分析了史官崇尚直书的原因。

以司马迁《史记》和班固《汉书》为代表的汉代史学，很好地承继了先秦史学的"求真"传统。《史记》以"实录"而著称，扬雄在所著《法言·重黎》中说："或问《周官》，曰立事；《左氏》，曰品藻；《太史公》，曰实录。"班固在《汉书》本传中也称赞司马迁《史记》说："然自刘向、扬雄博及群书，皆称迁有良史之材，服其善叙事理，辨而不华，质而不俚，其文直，其实核，不虚美，不隐恶，故谓之实录。"《汉书》虽然以"宣汉"

---

[1] 白寿彝:《中国史学史》第一册，上海人民出版社1986年版，第357页。

为其旨归，却又能直书其事，不为汉讳，如《鲍宣传》所记"民有七亡、七死"论、《景十三王传》对诸侯王草菅人命的揭露，如此等等，即是体现了史家直书不隐的"求真"精神。

魏晋以降的史学发展，也普遍重视于这一"求真"理念。从纪传体"正史"的编修来看，如唐初史家令狐德棻，便是基于"如文史不存，何以贻鉴今古"[1]这样一种认识，积极向唐高祖倡议修撰前朝史的；而唐高祖在下达的《命萧瑀等修六代史诏》中，则对这次修史提出了"务加详核，博采旧闻，义在不刊，书法无隐"[2]的具体要求。由此可见，唐初史家与封建帝王对保存历史文献与历史撰述需要"求真"的重要性，是有着深刻认识的。从编年体的编修来看，如司马光的《资治通鉴》，即明确以"鉴前世之兴衰，考当今之得失"[3]为撰述目的，通过求历史兴衰之"真"，来服务于现实政治统治的需要。从典制体的编修来看，以杜佑《通典》、郑樵《通志》和马端临《文献通考》之"三

---

[1] 《旧唐书》卷七十三，《令狐德棻传》，中华书局1975年版。
[2] 宋敏求编：《唐大诏令集》卷八十一，中华书局1983年版。
[3] 司马光：《进〈资治通鉴〉表》，载《资治通鉴》，中华书局1956年版。

通"为代表,也无不体现了一种"求真"的理念。他们的"求真"意识都是非常强烈的。明清之际,以黄宗羲、顾炎武和王夫之为代表,掀起了一股实学风潮,他们著书立说,尤其重史,像黄宗羲的《明儒学案》和《宋元学案》、顾炎武的《天下郡国利病书》与《日知录》、王夫之的《读通鉴论》与《宋论》等,都是体现实学精神的杰出的史学著作。到了乾嘉时期,以赵翼的《廿二史札记》、王鸣盛的《十七史商榷》和钱大昕的《廿二史考异》为代表的考据史学,虽然没有很好地承继下清初顾炎武等人倡导的经世致用的学风,却对传统历史编纂的"求真"在方法论上作出了重大突破。

传统史学不但在史学实践中贯彻了"求真"的理念,而且还在史学理论上对这种"求真"理念作了具体阐发。南朝梁时史学评论家刘勰,在所著《文心雕龙·史传》中,即以"辞宗邱明,直归南董"对传统史学进行了总结,并且提出了关于历史撰述的"文疑则阙,贵信史"的重要命题,明确以"信史"作为史家进行历史撰述的重要原则。唐代史评家刘知幾著《史通》,专辟"直书"篇,对直书不隐的重要性和中国史学的直书传统进行了系统论述。刘知幾认为,只有实录直书者,才能称得上是良史；而评判实录的标准,则是"善恶必书"[1]。刘知幾认为在中国史学史上像董狐、南史,左丘明、司马迁,以及史佚、倚相等史家,他们的历史撰述就对社会的作用而言虽然有高下层次之分,却都以直书而著称,是恪守史家职守的榜样。[2] 清代史评家章学诚对于史学"求真"的认识最为深刻,《文史通义·史德》明确指出:"盖欲为良史者,当慎辨于天人之际,尽其天而不益以人也。"这就是说,历史撰述应该辨明主客观的关系,要忠于客观事实,而不掺杂着自己的主观见解,更不能随心所欲地去杜撰历史。章学诚所谓"当慎辨于天人之际,尽其天而不益以人"的思想,无疑是对传统史学"求真"理念的最好的理论总结。

二、史家素养与传统史学的"求真"

在史学实践中,史家要真正做到"求真"并非易

---

[1] 刘知幾:《史通》卷十四,《惑经》,浦起龙注释本,上海古籍出版社2009年版。
[2] 刘知幾:《史通》卷十,《辨职》,浦起龙注释本,上海古籍出版社2009年版。

第二章　传统史学的"求真"理念

事。这首先是由历史学认识特点所决定的。史学认识是一种三极思维，它包括认识主体——治史者，认识客体——客观历史，以及作为中介物的史料——主体得以认识客体的各种文本与出土文献，以及前人留下来的遗物、遗迹等。史学认识的这种特点，显然又是由客观历史本身所具有的一去不复返特性所决定的，人们要认识一去不复返的客观历史，只能是通过前人留下来的各种史料以及历史痕迹，而不能直接去作用于它。其次，史学这样一种认识特点，决定了在这一认识活动过程中，史家可以充分发挥其主观能动性。于是乎，历史撰述是否能做到真实可信，与史家本身所具有的素养有着密切的关系。换言之，凡是具有较好素养的史家，其撰述的史著往往也是"求真"之作，从而被流传于后世。也正因此，在传统史学思想与理论中，人们普遍重视于史家的素养问题。

（一）史家的品德、责任感、勇气与史学的"求真"。史家的道德品质与性格特点，是会影响到史学"求真"的；而这种品德是可以通过后天修养的。史家应该重视品德修养，同时"胆量和责任感也是史学家应该具备的修养"[1]。

关于史家品德对于史学"求真"的重要性，其实早在刘勰的《文心雕龙·史传》中就强调过，不过《史传》篇用的是"素心"这一概念："析理居正，为素心乎！"这里所谓"素心"，范文澜解释说："素心，犹言公心耳。"[2]周振甫也说："素心，犹公心，言心无偏私。"[3]在刘勰看来，史家必须本着一种公心，才能写出可信的历史。刘知幾以直书和曲笔区分史家的撰述态度，强调"直书其事"的重要性，其实也是在讲史家的品德问题。明代史评家胡应麟提出"公心"和"直笔"之"二善"说[4]，凸显了对史家品德的高度重视。章学诚是直接提出"史德"概念的史家，《文史通义》专辟《史德》一篇，肯定"能具史识者，必知史德。德者何？谓著书者之心术也"。认为修史者只要能"慎辨于天人之际，尽其天而不益以人"，即使不能完全做到客观，也"足以称著书者之心术"了。

---

[1] 彭忠德：《史胆与史责》，《光明日报》，2000年4月28日。
[2] 范文澜：《文心雕龙注》，人民文学出版社1958年版，第306页。
[3] 周振甫：《文心雕龙注释》，人民文学出版社1981年版，第181页。
[4] 胡应麟：《少室山房笔丛·史学占毕一》，中华书局1958年版。

第二章 传统史学的"求真"理念

史家的责任感与勇气,也会影响到史著的真实程度。《史记》之所以能成为一部实录之作,与司马迁所具有的高度的史家责任感和使命感有密切关系。在《报任安书》中,他表明了自己受刑作史的心迹:"草创未久,适会此祸,惜其不成,是以就极刑而无愠色。仆诚已著此书,藏之名山,传之其人通邑大都,则仆偿前辱之责,虽万被戮,岂有悔哉!"[1]刘勰在《文心雕龙·史传》中,也提到了史家的责任与勇气问题:"史之为任,乃弥纶一代,负海内之责,而赢是非之尤,秉笔荷担,莫此为劳。"刘知幾也重视强调史家的勇气和献身精神,如《辨职》篇以"彰善贬恶,不避强御"为史家最高境界,《直书》篇一再强调史家要"仗气直书,不避强御",而《惑经》篇则以"得失一朝,荣辱千载"来肯定史家所肩负的重大责任。当然,要成为一名兼具责任与勇气的史家,是要冒着"身膏斧钺"或者"书填坑窖"的危险的,在中国史学史上,"若齐史之书崔弑,马迁之述汉非,韦昭仗正于吴朝,崔浩

---

[1]《汉书》卷六十二,《司马迁传》,中华书局1962年版。

犯讳于魏国"[1]等即是如此,然而他们这种忠于职守和无所畏惧的精神也一直垂范于后世。

（二）史才、史学、史识与史学的"求真"。才、学、识作为传统史学修养论的三个重要范畴,是刘知幾在答礼部尚书郑惟忠"自古以来,文士多而史才少"问题时首先提出来的。他的回答是："史才须有三长,世无其人,故史才少也。三长,谓才也,学也,识也。"[2]根据刘知幾的理解,所谓史才,主要是指掌握文献、进行历史编纂与表述的能力；所谓史学,是指涉及历史认识与历史编纂的知识；所谓史识,则是指史家的器局与胆识。

才、学、识如何,对于史家历史撰述的"求真"是有影响的。史家如果没有史才,就无法驾驭史料,从而通过史料去认识客观真实的历史；没有史才,就无法运用一定的编撰方法与体裁将历史内容组织起来,就无法运用恰当的语言文字将历史内容表述出来。史家如果缺乏史学知识,掌握的史料就一定有限,甚

---

[1] 刘知幾:《史通》卷七,《直书》,浦起龙通释本,上海古籍出版社2009年版。
[2] 《旧唐书》卷一〇二,《刘子玄传》,中华书局1975年版。

至无法识别史料的真伪;如果缺乏与史学相关的各种知识,那么对于社会与自然的认识就一定有限,从而也就难以正确地认识客观历史。此外,史家如果缺乏史识,见识与胆识有限,就不可能写出信史来。刘知幾的"史识"论着重强调的就是史家的品德与胆识问题,他说:"犹须好是正直,善恶必书,使骄主贼臣所以知惧,此则为虎傅翼,善无可加,所向无敌者矣。"[1]这里所谓"好是正直,善恶必书"的史识标准和"善无可加,所向无敌"的史识境界,其实谈的就是史家的品德与胆识问题,他一再强调史家要有不畏权贵的胆识和勇气直书其事,肯定"良史以实录直书为贵"[2]。

(三)征实求信的科学的治史方法与史学的"求真"。传统史学为了"求真",在长期实践中也创造和积累了一些具体而科学的"求真"方法,包括史料的选取与辨伪方法、历史叙述的客观性与准确性方法,等等。

先说史料的选取与辨伪方法。在传统史学中,重视实地考察、利用金石史料和讲究文献考据的方法,

---

[1]《旧唐书》卷一〇二,《刘子玄传》,中华书局1975年版。
[2] 刘知幾:《史通》卷十四,《惑经》,浦起龙注释本,上海古籍出版社2009年版。

无疑都是具有科学性的史料选取与辨伪的方法。司马迁最早采用实地考察的方法,《太史公自序》具体记载了他青年游学访古情况，所寻求到的遗闻故事对他后来撰写成《史记》起了非常重要的作用；宋代史家郑樵治史强调"核实之法",《通志·昆虫草木略序》说他为了获得实践真知,"结茅夹漈山中，与田夫野老往来，与夜鹤晓猿杂处，不问飞潜动植，皆欲穷究性情"；顾炎武的《天下郡国利病书》，是他通过访查祖国的山川地势和关津险隘，遍访老兵退卒，广交名流才士，然后将调查研究所得与书本知识相对照而最终写成的。传统历史编纂学重视金石史料的历史也很悠久，它们或者视金石为直接的史料，或者以金石为考订文献资料的佐证。如司马迁在《史记·秦始皇本纪》中，就直接征引了秦始皇巡游天下、勒石颂功的刻石原文内容；宋代以后随着金石学的逐渐发达，史家运用金石史料更加成为一种自觉行为。清朝乾嘉时期是史学考据最为发达的时期，人们为了对史料进行辨伪，采用了诸如归纳演绎的方法、史料比较的方法等一些"已经具备了近代科学的精神"[1]的历史考证的方法。

再说历史叙述的客观性与准确性方法。历史叙述的客观性,是指在叙述历史的过程中,尽量避免带有史家的主观意识。孔子作"六经",奉行"述而不作"的原则;司马迁作《史记》,重视于对于历史事实的陈述,而不去过多地对历史事实进行评论,顾炎武在《日知录》卷二十六中说:"古人作史,有不待论断而于序事之中即见其指者。惟太史公能之。"白寿彝也说:"司马迁不用专门说一些议论的话,就可以在史实的叙述中把自己的论点表达出来,这是他表达历史论点的特殊形式。"[2] 这种追求历史叙述的客观性,也成为传统历史编纂学历史叙述的重要特点。历史叙述的准确性,则是指历史语言的运用问题,其基本精神无非一是要简洁,二是要达义,像《左传》《史记》《三国志》等,都堪称简洁、达义的代表之作。刘知幾在《史通·鉴识》

---

[1] 林璧属:《中国传统史学求真方法的科学性》,《光明日报》,2008年5月4日。
[2] 白寿彝:《司马迁寓论断于序事》,载《中国史学史论集》,中华书局1999年版,第80页。

中，对史书叙事的准确性问题提出了具体标准:"夫史之叙事也,当辨而不华,质而不俚,其文直,其事核,若斯而已可也。"这也是传统史学追求历史叙述准确性的标准。

三、传统史学"求真"理念的二重性

传统史学所谓"求真",它不仅是指一种史实之"真",也包含着一种道义之"真",前者乃为一种"记录的直笔",后者则是一种"定性的直笔"[1],也可以说前者是一种历史叙述之"求真",后者则兼含着史家对历史事实评价之"求真"。这两种不同思想内涵的"求真",体现了传统史学"求真"理念的二重性特点。

早在先秦时期,这种"求真"之二重特性就已经明显地表现出来了。前述记录"赵盾弑其君"之"董狐笔",便是指一种道义之"真";而记录"崔杼弑其君"之"太史简",则为一种史实之"真"。在春秋历史上,齐太公确为崔杼所杀,这是历史事实,齐太史如此记

---

[1] 刘家和:《史学经学与思想——在世界史背景下对于中国古代历史文化的思考》,北京师范大学出版社2005年版,第31页。

第二章 传统史学的"求真"理念

录历史,是追求一种史实叙述之"真"。而晋灵公实际上是被晋国大夫赵穿所杀,董狐何以书"赵盾弑其君"?《左传·宣公二年》记载了董狐对赵盾否定弑君之事的回答:"子为正卿,亡不越境,返不讨贼,非子而谁?"认为赵盾对晋灵公被杀事件负有政治上和道义上不可推卸的责任。在中国史学史上,齐太史冒死追求历史叙述之"真"受到后人敬仰,同样,董狐从道义出发而不畏权贵的精神也被后人视为良史的楷模。孔子治史,继承了这两种传统:一方面重视文献征实,追求历史叙述之"真",《论语·八佾》说:"夏礼,吾能言之,杞不足征也。殷礼,吾能言之,宋不足征也。文献不足故也。足则吾能征之矣。"另一方面,却又强调道义之"真",《春秋》重视对于史实的褒贬予夺,采用"据鲁亲周"和为尊亲贤者扬善隐恶等书法,如同《左传·昭公三十一年》所说:"《春秋》之称微而显,婉而辨。上之人能使昭明,善人劝焉,淫人惧焉,是以君子贵之。"

秦汉以后的史学发展,继承了追求史实之"真"的传统,像司马迁《史记》以实录著称,刘知幾主张直书、反对曲笔,章学诚重视"史德",乾嘉史学以考据见长。同时，史家也继承了先秦历史撰述重视道义之"真"的传统，自觉地维护着这种道义之"真"。只是所谓"道义"的思想内涵，明显打上各时代政治与道德的烙印。纵观秦汉以下传统史学所追求的道义之"真"的思想内涵，主要表现为以下三个方面内容：

其一是宣扬天命史观。班固的《汉书》，堪称宣扬天命史观的代表之作。前已述及，班固撰写《汉书》，重视"据事直书"，不为汉讳。同时，《汉书》出于"宣汉"的需要，又大力宣扬以"汉绍尧运""神器有命"为主旨内容的天命史观，来解说汉朝的历史统绪，旨在从道义上确立刘汉政权的合理、合法性。这种对道义之"真"的追求，已经超出了一般意义上对于史实的评判与定性，有着故意曲解历史之嫌。而《汉书》这种浓厚的维护刘汉正统的思想，得到历代统治者与史学家、思想家的大力推崇，成为中国传统史学的正宗思想。此后的史著，像荀悦《汉纪》宣扬的汉统永存的思想，陈寿《三国志·魏书·文帝纪》记载的"黄龙见谯"之符命说，如此等等，都是在自觉地通过宣扬天命思想以维护封建统治。

其二是推崇《春秋》褒贬书法。宋代史学最重视运用《春秋》褒贬书法。像欧阳修作《新五代史》,其目的就是要通过《春秋》书法来褒贬五代史实与人物,正如他自己所说:"昔孔子作《春秋》,因乱世而立治法;余为本纪,以治法而正乱君,发论必以'呜呼',曰:此乱世之书也!"[1]朱熹作《资治通鉴纲目》,通过法《春秋》用字规则以明"《春秋》之义",将《春秋》褒贬书法发挥到了无以复加的程度。其间出于序名分、明顺逆、倡明纲常伦理道德的需要,而为尊亲贤者虚美隐恶的现象比比皆是。

其三是维护名教。这是传统史学一以贯之的思想。如陈寿作《三国志》,《晋书》本传称赞其"辞多劝诫,明乎得失,有益风化"。袁宏作《后汉纪》,明确标榜以"通古今而笃名教"。刘知幾的直书观也明显具有重视名教的思想,《史通·曲笔》在谈论直书与名教的关系时作如是说:"肇有人伦,是称家国。父父子子,君君臣臣,亲疏既辨,等差有别。盖'子为父隐,直在其中',《论语》之顺也。略外别内,掩恶扬善,《春秋》之义也。自兹已降,率由旧章。史氏有事涉君亲,必

---

[1] 马端临:《文献通考》卷十九,《经籍考》,引陈振孙《直斋书录题解》,中华书局1991年版。

言多隐讳,虽直道不足,而名教存焉。"认为虽然为君、父避讳"直道不足",却是合理的。章学诚的《文史通义·史德》说:"《骚》与《史》,皆深于《诗》者也。言婉多风,皆不背于名教,而桔于文者不辨也。"肯定《史记》并非"谤书",而是恪守名教之作,这说明章氏本人也是重视维护名教的。

从上所述可知,传统史学的"求真",不仅是追求一种史实之"真",更是追求一种道义之"真";在倡导"据事直书"的同时,又极力维护着封建正统意识、等级秩序和伦理道德。这种"求真"的二重特性,反映了传统史学直书观的局限性。

第三章 传统史学的"求道"理念

　　如实直书是中国古代史学的基本精神,而彰显道义则是其一贯理念。以往论者对于中国古代史学的"求真"精神阐述较多,而对于"求道"理念则或语焉不详,或简单加以否定。所谓"求道",即是追求历史编纂的道义原则。与"求真"之追求客观事实之真不同,"求道"则是基于一种主观的价值或道德判断,它必须符合时代伦理。在中国古代史学的"求道"理念中,道义的具体表述因时因人或有不同,但其基本内涵主要有两个方面,其一是对纲常伦理道德的自觉维护,其二是对王权合法性的神意解说。

一、对于纲常伦理道德的自觉维护

纲常伦理道德思想导源于周礼，经过春秋战国时期以儒家为主要代表的诸子的系统阐发，遂成为维系中国传统社会等级秩序的重要保证。这种以血缘为基础，上升到国家、社会和政治层面的伦理，自然会影响到中国古代史学与史学思想，并在历史编纂中被自觉地加以维护，成为史家历史编纂的最高道德要求和基本准则。

早在春秋时期，晋国大史董狐书"赵盾弑其君"，即是一种维护政治伦理的道义书法。历史的真实是赵穿弑君，然而赵盾作为正卿，"亡不越竟，反不讨贼"，在董狐看来，其行为违反了当时的礼制，应该对弑君之事负有道义上的责任，故而孔子说他是"为法受恶"[1]。这里的"法"，显然不是历史事实，而是道义、伦理、礼制、规则。孔子作为儒家的创始人，他撰写《春秋》，旨在通过书乱世之史，挞伐乱臣贼子，以使"乱

---

[1] 《左传·宣公二年》，《十三经注疏》本，中华书局1980年版。

第三章 传统史学的"求道"理念

臣贼子惧"[1]。故而《春秋》重视宣扬礼义道德,司马迁称其为"礼义之大宗也"[2]。

汉代经学的兴起,纲常伦理之"道"已被视为"天不变,道也不变"的不易准则,历史编纂普遍自觉加以遵循。班固《汉书》的撰述,不但"旁贯《五经》"[3],而且从儒家正统主义思想批评司马迁"是非颇缪于圣人"[4]。荀悦的《汉纪》开宗明义提出"立典有五志",其中首要一条就是要"达道义",即是要求历史撰述要以儒家纲常伦理道德为旨归。荀悦说:"仁义之大体在于三纲六纪""施之当时则为道德,垂之后世则为典经"[5]。

魏晋玄学背景下,名教与自然的关系成为玄学的重要品题,史家历史撰述自觉重视对于名教的维护。袁宏作《后汉纪》,明确以"通古今而笃名教"为其撰述旨趣。他所理解的名教,即是君臣父子等级秩序,"夫君臣父子,名教之本也"。认为这样一种等级秩序是

---

[1] 《孟子·滕文公下》,诸子集成本,中华书局1954年版。
[2] 《史记》卷一百三十,《太史公自序》,中华书局1959年版。
[3] 《汉书》卷一百下,《叙传》,中华书局1962年版。
[4] 《汉书》卷六十二,《司马迁传》,中华书局1962年版。
[5] 荀悦:《汉纪》卷二十五,《成帝纪》,载《两汉纪》上,中华书局2002年版。

符合"天地之性"和"自然之理"的，因而是永恒不变的。[1]

宋代理学的兴起，史学出现理学化倾向，重视宣扬天理成为这一时期史学的普遍现象。范祖禹作《唐鉴》，理学色彩非常浓厚。他将武周 21 年统治历史看作是"母后祸乱"时期，纪年方式完全援引《春秋》"公在乾侯"例，以此申明褒贬之义；他评论"玄武门之变"，直斥唐太宗"悖天理，灭人伦"。[2] 朱熹的《资治通鉴纲目》"义正而法严，辞核而旨深，陶铸历史之偏驳，会归一理之纯粹，振麟经之坠绪，垂懿范于将来，盖斯文之能事备矣。"[3]《通鉴纲目》的书法精神主要表现为重视辨正闰、明顺逆、严篡弑之诛和褒奖尊者、贤者与死节者。

明清时期，一方面是理学继续作为官方统治思想大行其道，对人们的思想控制愈益严重；另一方面，也出现了反传统的所谓异端思想。受此影响，史家虽

---

[1] 袁宏：《后汉纪·自序》，载《两汉纪》下，中华书局 2002 年版。
[2] 范祖禹：《唐鉴》卷二，上海古籍出版社 1984 年版。
[3] 李方子：《资治通鉴纲目后序》，载朱熹《资治通鉴纲目》，四库全书本。

然依旧重视维护纲常名教，同时却也少了些许盲从，多了些许独立思考。李贽的历史评论表现出敢于是前人所未能是，非前人所不敢非的特点；清初黄宗羲、顾炎武、王夫之批判理学空疏的学风，倡导致用学风，然而他们在根本上也都是重视维护儒家纲常伦理道德的。

中国古代的史学评论也同样重视对于纲常名教的维护。唐代刘知幾就认为名教是《论语》之教、《春秋》之义，"史氏有事涉君亲，必言多隐讳，虽直道不足，而名教存焉。"[1] 清代章学诚倡导"史德"，认为史德就是"著述者之心术"，这种"心术"论自然具有伦理道德因素。《史德》篇说："《骚》与《史》，皆深于《诗》者也。言婉多风，皆不背于名教，而桔于文者不辨也。"在章学诚看来，历史撰述之所以有益于风教，就在于它能够"传述忠孝节义"，使"纲常赖以扶持，世教赖以撑住"。[2]

---

[1] 刘知幾：《史通》卷七，《曲笔》，浦起龙通释本，上海古籍出版社2009年版。

[2] 章学诚：《文史通义》卷八，《答甄秀才论修志第一书》，叶瑛校注本，中华书局1994年版。

二、对于王权合法性的神意解说

王权是政治统治的基础和根本，只有合乎法理的王权，才能建立起有效的统治；而王权的合法与否，需要靠思想家、史学家作出论证。因此，解说王权的合法性，也就成为中国古代史学"求道"的应有之义了。从中国古代史学发展过程来看，史家虽然都肯定人事的作用，却又都普遍地将王权最终归结为天命，喜欢从神意的角度作出说明。在他们看来，王权是一种神器，而"神器有命"，是人力所无法企及的。

先秦具有亦经亦史特点的"五经"元典，就包含了丰富的天命王权思想，其中尤以《尚书》和《诗经》最具代表。《尚书》肯定王权来自天命。如《召诰》篇说"有夏服天命"，"有殷受天命"；《多士》篇说："有周佑命，将天明威，致王罚，敕命终于帝"。《尚书》也重视敬德、保民，而目的是为了永保天命。《诗经》的天命王权思想集中表现为圣人天生说。在《商颂·玄鸟》《商颂·长发》《大雅·生民》和《鲁颂·閟宫》等诗篇中，作者为商、周始祖的降生都缔造了天生的神话传说，这一方面是对圣人与王朝诞生的真实迷信，一方面也是有意凸显王权的神圣性。

两汉经学普遍重视宣扬天命王权思想，对于这一时期的历史编纂有重要影响。司马迁《史记》在描述商、周、秦、汉起源时，就接受了今文家的"感生"说；同时又宣扬"圣王同祖于黄帝"的"报德"思想，开启了古文家的"同祖"说。[1] 班彪作《王命论》，系统宣扬"神器有命"的思想。他认为汉绍尧运已是著明于《春秋》，而刘邦斩蛇，"神母夜号"，则是汉兴之符应，世俗之人却"不知神器有命，不可以智力求也。"他将高祖兴汉的原因具体归纳为五条："一曰帝尧之苗裔，二曰体貌多奇异，三曰神武有征应，四曰宽明而仁恕，五曰知人善任使。"[2] 其中前三条都是从神意角度立论的。班固《汉书》则通过考出一个具体而又系统的汉绍尧运的刘氏家族世系，来说明"汉承尧运，德祚已盛，断蛇著符，旗帜上赤，协于火德，自然之应，得

---

[1] 参见拙著《中国史学思想通史·秦汉卷》第五章《司马迁的史学思想》，黄山书社 2002 年版。

[2] 《汉书》卷一百上，《叙传》，中华书局 1962 年版。

天统矣"这样一个天命王权诞生的必然性。[1] 荀悦《汉纪》以宣扬刘歆"汉为尧后"说开篇，以班彪"神器有命"说结尾，全篇贯穿了天命王权思想。在荀悦看来，刘汉的建立有高祖的才德明略等因素，而最根本的还是"历数所授,神祇所相""有神人之助"[2]。荀悦强调"神器有命"，也有借此以杜绝东汉末年那些窥视天下神器的军阀们的非分之想之义。

魏晋南北朝隋唐史学的天命观念，主要汲取了两汉天人感应思想，多从符命说的角度来宣扬天命王权思想。陈寿《三国志》认为曹氏代汉、司马氏代曹都是天命使然。记曹丕称帝时，即以符命说作铺垫，言四十五年间二次"黄龙见谯"，正是曹魏代汉的征兆或符命；记蜀称帝，在两道劝进书中列举了符瑞图谶十几项，以示天命所归；记吴称帝，则以吴中童谣为证；记晋代魏，《三少帝纪》则说"天禄永终，历数在晋"。范晔《后汉书》叙述刘秀定谋起兵前，特意记载了宛人李通"以图谶说光武"一事（谶语为"刘氏复起，李氏为辅"）；叙刘秀登基，则以《赤伏符》

---

[1]《汉书》卷一，《高帝纪下》，中华书局1962年版。
[2] 荀悦：《汉纪》卷四，《高帝纪》，载《两汉纪》上，中华书局2002年版。

第三章 传统史学的"求道"理念

之谶印证,以示刘汉火德再兴;《光武帝纪》还大谈刘秀出生时及起兵后的各种怪异现象。由此范晔总结说:"王者受命,信有符乎?不然,何以能乘时龙而御天哉!"唐代刘知幾肯定"旌怪异"是历史编纂的重要内容之一,而所谓怪异,即是"幽明感应,祸福萌兆"[1],亦即天人感应之类的东西。《史通》一书有不少谈论天人感应的内容,如《书志》篇记述梓慎、赵达、单飏、董养等人推算预言吉凶,《书事》篇记述一些有关商、周、晋、秦、汉诸多感生、怪异故事,在刘知幾看来,"夫祥瑞者,所以发挥盛德,幽赞明王"。也就是说,史书载录祥瑞符应,是符合维护王权政治的需要的。

宋代以后迄于明清,随着理学的兴起,传统儒家学说出现哲理化倾向,天命论逐渐淡化。史家的历史撰述中,天人感应理论也受到了明显冷落甚至批判。司马光《资治通鉴》对于充斥于旧史中的灾异、符瑞、图谶、占卜之类事情,一般皆不予以著录。他"疾阴

---

[1] 刘知幾:《史通》卷八,《书事》,浦起龙通释本,上海古籍出版社2009年版。

阳家立邪说以惑众，为世患"[1]。郑樵对五行灾祥之说进行批判，指出这种以时事吉凶与五行灾祥相配的做法是一种"虚妄"的"欺天之学"。明示其所作《灾祥略》只是"专以纪实迹，削去五行相应之说，所以绝其妖"；所作的《天文略》也只是"识垂象以授民时之意，而杜绝其妖妄之源焉"。当然，天命论被淡化并不等于不存在，只是更多地流于一种形式。在宋代以后的正史当中，我们依然还能看到史家总是通过宣扬五德终始说，以解说各朝秉承的德属，为王朝的建立披上神学的外衣；看到史家总是不厌其烦地用感生说、符命说等，对皇朝建立者们进行神化。虽然是流于一种程式，却依然无法缺失。

三、"求道"理念产生的认识、社会与现实根源

中国古代史学"求道"理念如此强烈，并且一贯到底，这既有认识根源，也有社会根源，还有现实根源。史学的认识特点，是其产生的认识根源；宗法制

---

[1] 司马光：《司马文正公传家集》卷六十五，《葬论》，商务印书馆1937年版。

第三章 传统史学的"求道"理念

度和神权政治,是其产生的社会根源;史学的致用特性,是其产生的现实根源。

先说认识根源。中国古代史学"求道"理念的产生,与史学认识具有主客体分离性特点分不开。历史认识的主体(史家)要达到对于客体(客观历史)的认识,只能凭借史料(包括遗物遗迹等),并且要充分发挥主观能动性,从而最终实现对于客体的认识。这样一种历史学主体的能动认识,当然不是摄影机和平面镜,不是简单地通过史料就能复制、观照出客观历史,而是一种创造性的"复原",会打上认识主体个人的主观印记。道理很简单,认识的媒介史料是前人留下的带有主观的东西,而认识的主体是现实中的人,他有自己的历史观、世界观、现实立场、知识结构、情感好恶等等,这些都是左右或影响主体认识客体的种种因素。也正因此,历史认识一定是具有强烈主观性和主体能动性的;而"求道",便是这种主观性的一种体现,是史家对于历史的一种价值或道德判断。

再说社会根源。史家是社会的一分子,社会是史家活动与思想的环境。中国古代史学"求道"理念的产生,离不开社会环境的影响,而宗法制度与神权政治则是其中最直接、最重要的因素。中国的宗法制度产生于西周，延续两千余年，对于中国古代社会观念产生了重要的影响。这种宗法制度的特点，即是以血缘关系为纽带，以伦理道德为规范，构建起家国一体的等级秩序。在这样重视血缘、伦理和等级的社会里，人们的价值观与道德观打上了深深的宗法社会的这些烙印，自觉以纲常伦理道德来规范自己的言行。反映到历史编纂中，史家们自然会以此为指导，去记述和评判历史。

神权政治则是中国古代社会另一个重要特点。早在夏商周三代时期，神权政治已经流行。三代的君主都以"服天命""受天命"自居，周初开始懂得天命可以转移的道理，知道保民对于"永保天命"的重要性。秦汉以来，随着"人"的逐渐觉醒，天命观念开始受到冲击，人的价值得以重视，然而天命王权思想却依然流行。汉儒董仲舒通过宣扬天人感应理论，将天树立为具有意志的绝对的权威，而君王的权力来自天，作为天子来治理万民；汉代经学从一开始就是一种神学化的经学，并且最终走向谶纬化、迷信化，故而汉代社会神权政治味道很浓。魏晋特别是宋代以后的中国社会，随着社会的进步和认识的提高，天命观念逐渐淡化，却始终没有退出历史舞台。古代社会这样一种浓厚的神权政治，必然会对史家的历史认识带来影响，而班彪的"神器有命"说，则代表了中国古代史家对于王权的一种普遍认识。

后说现实根源。史学的目的在于致用，追求道义是史学致用的需要。中国古代史学之所以发达，是因为统治者认识到了史学的致用功能，从而大力支持，由此造就了官方与史家修史的兴盛。而中国古代史学的致用，它要求史家一方面要如实直书，因为只有这样，才能从历代兴亡中找到历史的经验和教训，从而以史为鉴、以史资政；另一方面，它也要求史家对历史作出符合统治需要的价值或道德判断，彰显符合统治需要的时代伦理。历史编纂自觉维护纲常伦理道德，便是遵循社会等级秩序、维护社会等级关系的需要；而宣扬天命王权思想，则是为了解说王权的合法性的需要。一言以蔽之，中国古代史学的"求道"，是为了服务于古代社会现实政治统治的需要，是时代伦理的绝对要求。

四、"求道"理念的合理性

那么,中国古代史学的"求道"理念有没有一定的合理性呢?答案是肯定的。首先,"求道"是史学的固有属性之一。在中外史学发展史上,纯粹的"求真"史学是不存在的,它一定会打上道义的烙印。当我们在研究二战历史时,史家们对于希特勒屠杀犹太人,对于日本法西斯在中国南京施行的大屠杀,会从道义上对这种反人类的行为作出谴责、挞伐。在这个过程中,相对于具体历史细节如屠杀数字、人员类别与国籍等等的史实上的求真来说,这种道义上的定性更为重要。

其次,中国古代史学"求道"的具体内涵也有其一定的合理性。就维护纲常伦理道德而言,我们认为任何社会都需要有自己的道德规范,这是维护社会秩序的根本保证。中国自古就是一个农业社会和大一统国家,如果没有一种伦理道德来维系,农业社会文明的发展和大一统国家的巩固,都是不可想象的。从这个层面来讲,史家自觉维护纲常伦理道德是有其积极

第三章　传统史学的"求道"理念

意义的。就王权合法性的神意解说而言，这一方面有助于新兴政权的巩固。在中国古代，只有通过神化王权，才能建立起王权至高无上的权威，才能使王权受到普遍的尊重，从而有助于巩固新兴政权。另一方面也是重民政治的一种神意化表达。由于王权的至高无上在现实中找不到一种制衡的力量，人们便通过天来加以制约。君权天授其实是把双刃剑，它一方面可以建立起君主的绝对权威，一方面又让君主置于天的权威之下，按照天的意志治理万民。而在中国古代思想史上，人们将这种天志普遍解释为民志，所以董仲舒说："天之生民，非为王也，而天立王以为民也"[1]，其实这也是自《尚书》以来中国古代进步的史学家和思想家都普遍懂得的道理。

---

[1] 董仲舒：《春秋繁露》卷第七，《尧舜不擅移汤武不专杀》，苏舆义证本，中华书局1992年版。

第四章　传统史学的经世致用意识

在中国史学思想发展史上，从先秦"六经"时代《易传》的"君子以多识前言往行以畜其德"和"疏通知远"，《礼记·经解》的"彰往而察来"，到秦汉以后司马迁的"述往事，思来者"[1]，章学诚的"记注欲往事之不忘，撰述欲来者之兴起"[2]，等等，都是明确将"往事"与"来者"相联系，强调"往事"对于"来者"的重要作用，亦即强调史学的经世致用价值。以下从以史为鉴、彰善瘅恶、将施有政和歌功颂德等四个方面，对传统史学的经世致用意识作出揭示。

---

[1]《汉书》卷六十二，《司马迁传》，中华书局1962年版。
[2]　章学诚：《文史通义》卷一，《书教下》，叶瑛校注本，中华书局1994年版。

第四章　传统史学的经世致用意识

一、以史为鉴的史学忧患意识

传统史学以史为鉴思想源于先秦的"六经",《周易》《尚书》《诗经》和《春秋》这些"六经"典籍,都普遍地具有一种强烈的忧患意识和重视历史借鉴的思想。《尚书·召诰》所谓"我不可不鉴于有夏,亦不可不鉴于有殷"和《诗经·大雅·荡》所谓"殷鉴不远,在夏后之世",集中表达了周人希望通过历史借鉴来巩固政权统治的愿望;而"殷鉴"一词便是以历史为借鉴思想的最初表述,并常常为后代统治者和思想家、史学家所沿用。

秦汉以后,先秦经史著作所体现的以史为鉴思想在史学的发展过程中得到了很好的继承,它几乎成为各类历史著作撰述的一个基本旨趣。西汉初年,面对中国历史上第一个大一统的封建皇朝秦朝的速兴速亡,以陆贾、贾谊为代表的一批政治家、思想家和史学家,认真思考"过秦"这一时代主题,通过总结亡秦的历史教训,阐发自己对于历史治乱兴衰的认识。

陆贾的"逆取而以顺守之"[1]和贾谊的"攻守之势异也"[2]之论,表明他们对于秦之过的认识是非常一致的。司马迁作《史记》,以"通古今之变"为其撰述旨趣之一,在谈论古今之间的关系时,他说:"居今之世,志古之道,所以自镜也。"[3]他是要将"古"作为"今"的一面镜子,体现的是一种历史借鉴的思想。班固是中国正统史学的重要代表,他作《汉书》的主要目的是为了"宣汉",同时他也重视"究其终始强弱之变,明监戒焉"[4]这一史学的借鉴功能。荀悦肯定历史撰述的根本作用在于鉴戒。他说:"君子有三鉴,世人镜鉴。前惟顺(训),人惟贤,镜惟明。夏商之衰,不鉴于禹汤也。周秦之弊,不鉴于民下也。侧弁垢颜,不鉴于明镜也。故君子惟鉴之务。"[5]在这"三鉴"当中,史鉴无疑是第一位的。如果统治者不以史为鉴,不去吸取历史的经验教训,国家就不可能得到治理。荀悦正是

---

[1] 《史记》卷九十七,《郦生陆贾列传》,中华书局1959年版。
[2] 分见《史记》卷六《秦始皇本纪》、卷四十八《陈涉世家》和《汉书》卷三十一《陈胜传》。
[3] 《史记》卷十八,《高祖功臣侯者年表序》,中华书局1959年版。
[4] 《汉书》卷十四,《诸侯王表序》,中华书局1962年版。
[5] 荀悦:《申鉴》第四卷,《杂言上》,上海古籍出版社1990年版。

第四章 传统史学的经世致用意识

基于这样一种认识，而撰述《汉纪》，以为汉献帝提供西汉一代治乱兴衰的历史经验教训。

魏晋南北朝是中国历史上第一次大分裂时期，多变的政局、错综复杂的民族矛盾和动荡不安的社会形势，使得许多士人走上了消极避世的道路，他们清谈玄理，放浪形骸。与此形成鲜明对照的，是这一时期的史学家们却积极地将现实与历史相联系，希望以史为鉴，为现实政治寻找到一条出路。史学家刘勰就说："原夫载籍之作，必贯乎百世，被之千载，表征盛衰，殷鉴兴废。"[1]《华阳国志》的作者常璩则在该书《序志》篇中明确指出，撰述历史旨在使"天人之际，存亡之术，可以为永鉴矣"。从这些表述可以看出，乱世时代的史学家们希望借鉴于历史的心情更为迫切，对于历史的借鉴作用认识也更为深刻。

唐朝初年一连修成 8 部纪传体正史，这与唐初统治者重视以史为鉴是分不开的。对于唐朝来讲，晋朝特别是南北朝与隋朝的历史，就是它的近现代史，李唐皇室的父祖先辈，都在北周和隋朝官居显位，对于

---

[1] 刘勰:《文心雕龙·史传》，中华书局 1962 年版。

这些皇朝的兴亡,初唐帝王的感受自然很深,因而希望从中总结兴亡之理也更为迫切。早在唐武德四年(621年),起居舍人令狐德棻就正式向唐高祖提出撰写前代史的建议:"窃见近代以来,多无正史。梁、陈及齐,尤有文籍;至周、隋遭大业离乱,多有遗阙。当今耳目犹接,尚有可凭,如更十数年后,恐事迹湮没。陛下既受禅于隋,复承周氏历数。国家二祖功业,并在周时。如文史不存,何以贻鉴今古?如臣愚见,并请修之。"[1]在此,令狐德棻主要是从保存史料和记录皇室功业的角度提出了修撰前朝历史的必要性,不过他也明确指出史书撰写的目的是"贻鉴今古"。令狐德棻德的建议被唐高祖所采纳,他在所下达的《命萧瑀等修六代史诏》中,便明确提出了修史的目的是"惩恶劝善,多识前古,贻鉴将来"。[2]唐太宗也深知"以古为镜"的道理,在贞观二十年(646年)所下达的《修晋书诏》中,他明确肯定史学的作用在于:"彰善瘅恶,

---

[1] 《旧唐书》卷七十三,《令狐德棻传》,中华书局1975年版。
[2] 宋敏求编:《唐大诏令集》卷八十一,《命萧禹等修六代史诏》,中华书局2008年版。

激一代之清芬；褒吉惩凶，备百王之令典"[1]，对史书的鉴戒功能有着非常清醒的认识。初唐统治者重视以史为鉴，尤其表现在以隋为鉴上。据史书记载，唐太宗常痛"炀帝骄暴而亡"，而谓侍臣"常宜为朕思炀帝之亡"[2]。魏征也曾上奏太宗，希望对隋唐易鼎的历史进行研究，以"能鉴彼所以亡，念我所以得"[3]。正是这种忧患意识，使史学得到了初唐统治者的高度重视，也由此促进了初唐史学的发展。

传统史学重视以史为鉴，往往突出表现在分裂时代或者新朝初建时期，这显然是现实政治对于史学的一种需要，人们希望从历史的经验和教训当中找寻到存亡之术。

二、彰善瘅恶的道德评判意识

彰善瘅恶是传统史学的一种道德评判功能，它在

---

[1] 宋敏求编：《唐大诏令集》卷八十一，《修晋书诏》，中华书局 2008 年版。
[2] 司马光：《资治通鉴》卷一九四，《唐纪十》，中华书局 1956 年版。
[3] 《新唐书》卷九十七，《魏征传》，中华书局 1975 年版。

维护社会的纲常伦理道德和社会的等级秩序方面发挥了重要的经世作用。

传统史学重视发挥道德评判功能，要追溯到孔子作《春秋》。前已述及，孔子之所以要作《春秋》，按照孟子的说法，是孔子"惧"于春秋乱世，希望通过史笔来对乱臣贼子们进行笞挞，同时寄予他的王道社会的理想。正如《史记·太史公自序》所言，《春秋》是要"上明三王之道，下辨人事之纪，别嫌疑，明是非，定犹豫，善善恶恶，贤贤贱不肖，存亡国，继绝世，补敝起废，王道之大者也。"而《春秋》出于道德评判的需要，在史书的撰述中采用了一定的书法形式，《礼记·经解》将其概括为四个字，叫作"属辞比事"。《孔疏》说："属辞比事，《春秋》教也者。属，合也；比，近也。《春秋》聚合会同之辞，是属辞；比次褒贬之事，是比事也。"这就是说，《春秋》是要通过遣辞造句与比次史事，来对史事、人物进行褒贬与夺，而其基本原则则是寓褒贬、别善恶，扬善隐恶，为尊亲贤者避讳，人们通常将此称作"《春秋》笔法（或书法）"。

北宋欧阳修作《新五代史》的动机，一方面是由于北宋初年所修撰的《旧五代史》淹没的史实较多，文章也较为平淡；另一方面，更为重要的是，欧阳修对《旧五代史》的书法极其不满。在他看来，五代是一个道德沦丧的乱世，书乱世之史，就当要仿效《春秋》褒贬书法。基于此，他仿效《史记》的体例，按照孔子《春秋》的褒贬书法，重新编写了《五代史》。陈师锡在所作《五代史记序》中，对欧阳修《新五代史》的撰述动机与旨趣作了很好的概括：

> 五代距今百有余年，故老遗俗，往往垂绝，无能道说者。史官秉笔之士，或文采不足以耀无穷，道学不足以继述作，使五十有余年间，废兴存亡之迹，奸臣贼子之罪，忠臣义士之节，不传于后世，来者无可考焉。惟庐陵欧阳公，慨然以自任，盖潜心累年而后成书。其事迹实录详于旧记，而褒贬义例，仰师《春秋》，由迁、固而来，未之有也。

而作为乱世之史的《新五代史》，其书法的显著特点，则是每每皆以"呜呼"发论。欧阳修在解释采用这一书法的原因时说："昔孔子作《春秋》，因乱世而立治法；余为本纪，以治法而正乱君，发论必以'呜呼'，曰：此乱世之书也！"[1]同时，欧阳修还以道德标准对人物进行分门别类，创立一些新的传名。如南方十国政权被列为《世家》，少数部族建立的政权及外国传被列为《四夷附录》；创立的新的传名有《义儿传》《伶官传》《宦者传》《唐六臣传》《死节传》《死事传》和《一行传》等。欧阳修正是通过这些分类与传名区分，以及史文中的用字差异，来贯彻他的褒贬书法的。

朱熹的《资治通鉴纲目》也是一部以重视道德评判而著称的史著。《通鉴纲目》最初的写作动机，是有感于司马光《资治通鉴》"与《春秋》惩劝之法""有未尽用者"，它要补《通鉴》这方面的不足，从而复兴《春秋》已失传的统绪。正如朱熹的学生李方子所说的，《资治通鉴纲目》的"大经大法"，是"一本于圣人之述作"，旨在"使明君贤辅有以昭其功，乱臣贼子无所逃其罪。而凡古今难制之变，难断之疑，皆得参验稽决，以合于天理之正，人心之安"。他对《通鉴纲目》"会

---

[1] 马端临：《文献通考》卷十九，《经籍考》，引陈振孙《直斋书录题解》，中华书局1991年版。

归一理之纯粹"作了高度的评价,说《纲目》是"义正而法严,辞核而旨深,陶铸历史之偏驳,会归一理之纯粹,振麟经之坠绪,垂懿范于将来,盖斯文之能事备矣"。[1]朱熹本人在其《资治通鉴纲目序例》中,也明确提出要从天理的高度来认识历史。他说:"岁周于上而天道明矣,统正于下而人道定矣,大纲概举而鉴戒昭矣,众目毕张而几微著矣。"为了"会归一理之纯粹",《通鉴纲目》在义例和书法上继承了《春秋》的传统,并且将《春秋》义例和书法发展到无以复加的程度,其褒贬与夺也随着其理学正宗地位的确立而成为后世史书书法的准绳。概言之,《通鉴纲目》的书法精神主要表现为重视辨正闰、明顺逆、严篡弑之诛和褒奖尊者、贤者与死节者,并具体针对《资治通鉴》诸多"取《春秋》之义"的不足,而或作出标异、或进行纠正。毫无疑问,在理学家兼史学家朱熹这里,符合天理的自然就是善,而讲求人欲的自然就是恶,朱熹史学的彰善瘅恶,其表现形式和终极目的便是要"存天理,灭人欲"。

传统史学重视发挥彰善瘅恶的道德功能,总是与

---

[1] 均见李方子:《资治通鉴纲目后序》,载朱熹《资治通鉴纲目》,四库全书本。

乱世联系在一起的，旨在通过道德评判，以整饬人心、挽救纲常，重建道德规范与社会秩序。同时，作为宋代以后中国封建社会后期的官方意识形态——理学，对于传统史学道德评判功能的日益强化也产生了非常大的影响。

三、"将施有政"的资政自觉意识

史学这一功能的发挥，往往是统治者希望励精图治的一种需要，或者是政治出现危机时一些思想家、史学家的一种学术自觉。

中晚唐政治家兼史家杜佑作《通典》，在该书《自序》中开宗明义，标明其撰述旨趣是要"征诸人事，将施有政"。为了使《通典》的撰述旨趣更加简单明了，贞元十九年（803年），也就是《通典》成书后的第三年，杜佑又将《通典》的要点辑录而成《理道要诀》一书，旨在通过"理道不录空言"，从而更加集中地探讨"礼法刑政"，以凸显"理道"的"要诀"，而使历史更加紧密地服务于现实政治，更加直接地发挥它的政治效应。杜佑所论"理道要诀"，主要包括"以食货为之首"之经济基础,选举、职官、礼、乐、兵、刑之上层建筑,以及州郡之地方建制和边防等,至于历代正史记述的律历、天文、五行、祥瑞、舆服等方面典制,因与政治治理没有直接关系而未予采录。很显然,《通典》"以食货为之首"的做法以及对所记述典制的选取,充分体现了其"将施有政"的经邦致用撰述旨趣。

宋代政治家兼史家司马光著《资治通鉴》,以"资治"名篇,其强调史学的政治效用意识更为强烈。司马光在《进〈资治通鉴〉表》中说到《资治通鉴》的撰写目的是:"鉴前世之兴衰,考当今之得失,嘉善矜恶,取是舍非,足以懋稽古之盛德,跻无前之至治。"即是要借助于历史的记述与评论,让人们从中"鉴"得以往历史的治乱兴衰,然后以古观今,"考当今之得失",在通过对历史与现实政治的"嘉""矜""取""舍"这一番功夫后,最终达到以史为用、以史资政的目的。同时,司马光撰写《资治通鉴》的直接目的,则是为了帮助"日理万机"的统治者来鉴往知来,因此在史书的选材上必须既要有所删削、更要有所突出,集中围绕或突出了两大主题——"国家兴衰"和"生民休戚"。司马光说:"每患迁、固以来,文字繁多,自布衣之士读之不遍，况于人主日有万机，何暇周览？臣常不自揆，欲删削冗长，举撮机要，专取关国家兴衰，系生民休戚，善可为法，恶可为戒者，为编年一书。"[1]这就是说，《资治通鉴》与以往史书记载繁杂史事不同，它的撰写只是围绕或突出两大主题——"国家兴衰"和"生民休戚"，体现了帝王教科书的特点。司马光这样一种鲜明的历史撰述目的，加上《资治通鉴》博大精深的史学内涵和高超的历史编纂技巧，它们有机地结合在一起，使得《资治通鉴》一书很好地凸显了史学的"资政"功能。

顾炎武是明末清初倡导经世致用之学的代表。他治学的一个基本思想，是主张"文须有益于天下"。他说："文之不可绝于天地间者，曰明道也、纪政事也、察民隐也、乐道人之善也，若此者，有益于天下，有益于将来，多一篇，多一篇之益矣。若夫怪力乱神之事、无稽之言、剿袭之说、谀佞之文，若此者，有损于己，无益于人，多一篇，多一篇之损矣。"[2]又说："君子之

---

[1] 司马光：《进〈资治通鉴〉表》，载《资治通鉴》，中华书局1956年版。
[2] 顾炎武：《日知录》卷十九，《文须有益于天下》，载《顾炎武全集》第19册，上海古籍出版社2011年版。

为学，以明道也，以救世也。徒以诗文而已，所谓'雕虫篆刻'，亦何益哉！"[1] 在此，顾炎武不但为人们区分了什么是有益于天下、有益于将来之学，什么是有损于己、不利于人之学，而且指出君子为学当以"明道""救世"为己任。顾炎武特别强调史学的"引古筹今"价值，他说："夫史书之作，鉴往所以训今"[2]，"引古筹今，亦吾儒经世之用"[3]。他撰写的史学名著《日知录》，其学术旨趣即是为了"明学术，正人心，拨乱世以兴太平之事"[4]。而他的历史地理名著《天下郡国利病书》，也是"感四国之多虞，耻经生之寡术"而作。该书以历史的视角，由地理而经济、由经济而政治，蕴含了丰富而深刻的经世致用的思想。同时，从经世致用的角度，顾炎武批评宋明理学是一种"学无根底""束书不观"的空疏之学，而主张以征实去伪之学取而代

---

[1] 顾炎武：《亭林诗文集》卷四，《与人书》，载《顾炎武全集》第 21 册，上海古籍出版社 2011 年版。

[2] 顾炎武：《亭林诗文集》卷六，《答徐甥公肃书》，载《顾炎武全集》第 21 册，上海古籍出版社 2011 年版。

[3] 顾炎武：《亭林诗文集》卷四，《与人书》，载《顾炎武全集》第 21 册，上海古籍出版社 2011 年版。

[4] 顾炎武：《亭林诗文集》卷二，《初刻日知录自序》，载《顾炎武全集》第 21 册，上海古籍出版社 2011 年版。

之。由于顾炎武大力提倡朴实考据的学风，从而影响了有清一代的学风，顾炎武也成为清代考据学的鼻祖。

龚自珍是鸦片战争前夕重开经世致用风气之先的人。在龚自珍著名的"尊史"论中，他将传统经学和子学皆纳入史学之中，认为"五经者，周史之大宗也"，至于"诸子也者，周史之小宗也"。[1] 进而他认为史学是一切学问之源，史书中包含着天下山川形势，人心风气，地方物产，以及礼俗、军事、政法、文化等等内容，而这些内容都是治理国家所必须知晓的知识。人们要想知晓社会历史变化的大道理，就必须要研究史学，舍此别无他途，所以龚自珍说，"欲知大道，必先为史"[2]。在龚自珍看来，"史"是治理国家的宝典，同时又是民族文化的传统，是维系宗族的纽带，因而它具有崇高的社会价值，人们必须"尊史"。龚自珍的史学研究实践，也充分体现了他的强烈的"资政"意识。面对所处的大乱将起的衰世，龚自珍一方面积极主张变革。在他所撰写的《乙丙之际箸议》等文中，

---

[1] 龚自珍:《古史钩沉论二》，载《龚自珍全集》，上海人民出版社1975年版。

[2] 龚自珍:《尊史》，载《龚自珍全集》，上海人民出版社1975年版。

第四章　传统史学的经世致用意识

通过反思历史，总结历代治乱兴衰经验，而提出挽救社会危机的唯一办法就是改革。他说："一祖之法无不弊，千夫之议无不靡，与其赠来者以劲改革，孰若自改革？抑思我祖所以兴，岂非革前代之败耶？前代所以兴，又非革前代之败耶？何莽然其不一姓也？天何必不乐一姓耶？鬼何必不享一姓耶？奋之,奋之！"[1]在此，龚自珍饱含激情地叙说了改革对于革除弊政、兴旺国家的重要性。另一方面，龚自珍也是嘉、道年间最早关注中国边防、重视考察边疆史地的思想家和史评家。面对这一时期边患的日益严重，龚自珍曾经撰写了《西域置行省议》《御试安边绥远疏》和《上镇守吐鲁番领队大臣宝公书》等文，对清朝前中期巩固边防的举措给予很高的评价，同时提出了应该改变过去对新疆所采取的"羁縻"政策和加强对西北地区统治的一些合理建议，如建议改新疆为行省，迁徙内地之民定居屯田，加强民族之间的和睦等等。龚自珍这一加强塞方的建议，被后来的历史证明是非常有远见卓识的。

---

[1] 龚自珍:《乙丙之际箸议第七》,载《龚自珍全集》,上海人民出版社1975年版。

四、歌功颂德的宣扬皇朝意识

传统史学还有一个显著的功能,那就是为皇朝歌功颂德。为皇朝歌功颂德,是现实政治的一种需要,因而也是传统史学经世致用的一种体现。

史学家司马谈治史,就具有明显的"宣汉德"和"颂功臣"的思想。在给司马迁的临终遗言中,司马谈就讲到了历史上周公、孔子的颂德之功,以及他本人颂汉德未竟的遗憾:

> 夫天下称颂周公,言其能论歌文武之德,宣周邵之风,达太王王季之思虑,爰及公刘,以尊后稷也。幽、厉之后,王道缺,礼乐衰,孔子修旧起废,论《诗》《书》,作《春秋》,则学者至今则之。自获麟以来四百有余岁,而诸侯相兼,史记放绝。今汉兴,海内一统,明主贤君忠臣死义之士,余为太史而弗论载,废天下之史文,余甚惧焉,汝其念哉!

而为了弥补自己这份遗憾,他希望司马迁"无忘吾欲所论著矣"[1]。

司马迁作《史记》以"实录"而著称,然而与乃父一样,在司马迁的史学思想中,也存在着"宣汉德"和"颂功臣"的思想。在《太史公自序》记载的与壶遂的答问中,司马迁就对自己这一作史动机说得很清楚:

> 汉兴以来,至明天子,获符瑞,封禅,改正朔,易服色,受命于穆清,泽流罔极,海外殊俗,重译款塞,请来献见者,不可胜道。臣下百官力颂圣德,犹不能宣尽其意。且士贤能而不用,有国者之耻;主上明圣而德不布闻,有司之过也。且余尝掌其官,废明圣盛德不载,灭功臣世家贤大夫之业不述,堕先人所言,罪莫大焉。

司马迁这段对答之语,似乎不能简单地被理解为是言不由衷的。

在传统史学中,明确而公开地标榜以歌功颂德为

---

[1]《史记》卷一百三十,《太史公自序》,中华书局1959年版。

传统史学的求真与致用理念

历史撰述中心旨趣的,当属东汉史家班固。班固断汉为史作《汉书》,主旨就是要凸显西汉大一统皇朝的历史地位。对于《汉书》的这一"宣汉"旨趣,班固本人在《汉书·叙传下》中作了详细阐明,他说:

> 固以为唐虞三代,《诗》《书》所及,世有典籍,故虽尧舜之盛,必有典谟之篇,然后扬名于后世,冠德于百王,故曰"巍巍乎其有成功,焕乎其有文章也!"汉绍尧运,以建帝业,至于六世,史臣乃追述功德,私作本纪,编于百王之末,厕于秦、项之列。太初以后,阙而不录,故探纂前记,缀辑所闻,以述《汉书》。

在这段话中,班固明确认为,即使如儒家心目中的尧、舜盛世,也必须要依靠典籍,才能使其"扬名于后世,冠德于百王";而对于上接帝尧统绪的汉皇朝的历史,他批评司马迁作《史记》将其"编于百王之末,厕于秦、项之列"的做法,加上汉武帝太初以后的汉史又"阙而不录",所以他要断汉为史作《汉书》,以史家的历史自觉去肩负起"宣汉"的历史重任。纵观《汉书》的"宣汉"旨趣，主要表现为以下三点：其一，断汉为史作《汉书》，凸显汉皇朝的历史地位。在班固看来，汉皇朝是历史上最为强盛的皇朝，历史撰述的职责是歌功颂德，像《史记》将汉史"编于百王之末，厕于秦、项之列"的做法，根本无法凸显汉皇朝的历史地位，也就失去了历史撰述的意义所在。其二，《汉书》重视以神意史观来解说汉皇朝的历史统绪。西汉的建立者刘邦起于闾巷，无尺土之封，班固在《汉书·高帝纪赞》中却叙述了一个非常具体的汉绍尧运的刘氏家族世系，认为汉高祖之所以能成就帝业，是因为"汉承尧运，德祚已盛，断蛇著符，旗帜上赤，协于火德，自然之应，得天统矣"。这显然是为了说明刘汉帝业的合理合法性。其三，《汉书》重视"上下恰通"，最大限度地反映有汉一代的历史。《汉书》撰述的一个基本原则，便是"综其行事，旁贯《五经》，上下恰通"[1]。这里所谓"上下恰通"，是指载记史实既要博洽又要贯通。只有博洽，才能全面地反映汉皇朝的历史；而只有贯通，才能看出西汉历史发展的基本

---

[1]《汉书》卷一百下，《叙传》，中华书局1962年版。

脉络和它的兴衰之变。

　　《汉书》的"宣汉",既直书其事,又神意解史,充分体现了传统史学之二重特性,并由此成为中国正统史学的代表。

第五章　秦始皇历史意识的致用性特征

　　作为千古一帝，秦始皇是一位颇具历史意识的政治家。天下初定，他就急切要大臣们替他议定尊号，认为不这样做，就"无以称成功，传后世"[1]。他非常了解历史的经世致用功能，一方面借助于阴阳家的历史观点，而极力宣扬秦皇朝是应五德之运而建，是以水德而胜周之火德的结果，从而为秦皇朝的建立披上了一层合法而又神秘的外衣；一方面到处巡游，刻石纪功颂德，歌颂他的统一功业，美化秦皇朝的政治统治，宣扬封建统治秩序的永恒不变性，以为后人留下一篇篇美化秦政的史文。他也非常注重运用政治手段来干

---

[1]　《史记》卷六，《秦始皇本纪》，中华书局 1959 年版。

预史学，为了不让人们以史论今和是古非今，他焚毁了除秦国所记之外的所有先秦史书和《诗》《书》及百家语等先秦文献，通过毁史来推行愚民政策。

一、以历史作借鉴，议定皇朝制度

首先表现在立尊号、废谥法上。秦统一全国后，秦始皇就立即命令群臣议定尊号，他的理由是："寡人以眇眇之身，兴兵诛暴乱，乃宗庙之灵，六王咸伏其辜，天下大定。今名号不更，无以称成功，传后世。"[1] 这段话充分体现了秦始皇的历史意识。他一方面把自己与过去的帝王们联系在一起，将之看作是历史的一种连续和整体；一方面又将自己与过去的帝王作比，认为自己完成了统一天下的大业，其历史功绩已经超越了任何过去的帝王，因此必须改变尊号，以此显名于后代。否则的话，他认为就是"无以称成功，传后世"。根据秦始皇的旨令，丞相王绾、御史大夫冯劫、廷尉李斯和博士们进行了商议，他们认为秦皇"平

---

[1] 《史记》卷六，《秦始皇本纪》，中华书局 1959 年版。

第五章 秦始皇历史意识的致用性特征

定天下，海内为郡县，法令由一统，自上古以来未尝有，五帝所不及"。因此，应以古代三皇之至尊"泰皇"作为尊号。对于群臣所上尊号，秦始皇并未完全采纳，他用了"皇"字，而除去"泰"字，另外又"采上古'帝'位号，号曰'皇帝'"[1]。这一字之增减，不仅体现了秦始皇的一种历史意识，而且还有一种政治寓意。张华松认为"泰皇"这一尊号，虽然是群臣与博士共同商议，"然首倡者必博士官无疑"。"皇"之义为"处虚守静而无所事事"，博士们的意愿是"希望秦王清心寡欲，无所作为，垂拱而治"。而秦始皇加上"帝"字，"帝尊贤授德而大有作为"，体现了秦始皇要"集尊贵与权力于一身"的意愿。[2] 张华松的论说是很有见地的。

与立尊号相对应的还有除谥法。秦始皇除谥法的依据仍然是历史，他说：

> 朕闻太古有号毋谥，中古有号，死而以行为谥。如此，则子议父，臣议君也，甚无谓，朕弗取焉。自今以来，除谥法。朕为始皇帝。后世以

---

[1]《史记》卷六，《秦始皇本纪》，中华书局1959年版。
[2] 张华松：《秦代的博士与方士》，《孔子研究》1999年第1期。

计数，二世三世至于万世，传之无穷。[1]

这段话含义有三：一是认为太古有号无谥，中古有号有谥；二是认为定谥号，以子议父、以臣议君是无谓的；三是仿效太古除去谥号，并决定以后以世计统。由此可知，更立尊号的本意是为了突显秦始皇所成就的大一统功业，同时还蕴含着一种积极有为的思想；而除谥法则是为了维护皇权的至高无上性和永恒性。正如许殿才所说的，除谥法表现了秦始皇的一种"既借重历史，又惧怕历史的矛盾心情"[2]。

其次表现在德运制度的建立上。秦始皇建立秦皇朝德运制度的理论依据，是战国时期邹衍所创立的以五德终始为内容的历史哲学。邹衍的著作已散佚，但他的这套历史哲学的主要内容，秦相吕不韦在组织门人编写《吕氏春秋》时，已对此作了载录。

《吕氏春秋》编成时，秦尚未统一全国，因此它只是说"代火者必将水"，肯定继周而建的王朝是以水为德的王朝，并没有说就是秦。而且它也未给这个水

---

[1]《史记》卷六，《秦始皇本纪》，中华书局1959年版。
[2] 许殿才：《说秦史学》，载《史学史研究》1997年第2期。

第五章 秦始皇历史意识的致用性特征

德王朝规定具体的祥瑞之物。而秦初齐人所上的这套德属理论则说:"今秦变周,水德之时。昔秦文公出猎,获黑龙,此其水德之瑞。"[1] 不但明确指出秦为水德,而且还为秦朝找到了水德之瑞——黑龙。秦始皇有了这套邹衍发明的、被齐人加以发挥的五德终始理论,便开始着手建立起秦皇朝的水德制度来。《史记·秦始皇本纪》对此作了记载:

> 始皇推终始五德之传,以为周得火德,秦代周德,从所不胜。方今水德之始,改年号,朝贺皆自十月朔。衣服旄旌节旗皆上黑。数以六为纪,符、法冠皆六寸,而舆六尺,六尺为步,乘六马。更名河曰德水,以为水德之始。刚毅戾深,事皆决于法,刻削毋仁恩和义,然后合五德之数。

秦始皇利用邹衍五德终始历史哲学,一方面为秦皇朝这个大一统政权的合法性作了论证;一方面也为秦皇朝建立起了一整套具体的水德制度。如果说邹衍

---

[1] 《史记》卷二十八,《封禅书》,中华书局1959年版。

是五德终始历史哲学的创立者，那么秦始皇就是这一历史哲学的第一个实践者。邹衍所创立的五德终始历史哲学和秦始皇对这一学说的政治实践，对以后的中国政治史产生了巨大影响。

再次表现在政治体制的确立上。秦始皇统一全国后，采取何种体制来统理这一亘古未有的大一统国家，便成了秦朝君臣必须要面对的问题。从历史来看，无论是三王时代，还是远古的五帝时代，政治体制的基本形式都是既有天下共主之天子，又有相互并存之诸侯。因此，分封制是人们心目中的一种当然的政治体制。就当时社会的普遍心理而言，人们饱受春秋、战国以来社会长期动荡之苦，渴望着国家的统一，但这并不等于说他们希望用一种新的体制来代替过去的分封体制。他们只是深感"近古之无王久已"[1]，而迫切希望出现一个新的天下共主，来结束混战的局面，重新建立起一个有天下共主的有序社会。就已经亡国的六国贵族而言，他们当然希望秦始皇这个新的天下共主能够继续推行已往的"继绝世，兴亡国"这一传统法

---

[1] 贾谊:《新书·过秦中》，载《贾谊集》，王洲明、徐超校注本，人民文学出版社1996年版。

第五章 秦始皇历史意识的致用性特征

则，让他们继续得以分封建国。而从以后秦朝关于政治体制的争论来看，以博士官为代表的秦朝知识分子，他们是分封制的主要代言人。可以说，秦统一后，社会的主流思想是主张推行分封制度的。然而，秦始皇并没有简单地去迎合这一主流思潮，而是下令让群臣就此进行议论。廷尉李斯以周朝历史为借鉴，明确表示反对分封体制，而主张实行郡县制度。他说：

> 周文王所封子弟同姓甚众，然后属疏远，相攻击如仇雠，诸侯更相诛伐，周天子弗能禁止。今海内赖陛下神灵一统，皆为郡县，诸子功臣以公赋税重赏赐之，甚足易治。天下无异意，则安宁之术也。置诸侯不便。[1]

李斯的观点与秦始皇不谋而合，后者也是从历史的角度肯定了分封制的危害。他说：

> 天下共苦战斗不休，以有侯王。赖宗庙，天

---

[1]《史记》卷六，《秦始皇本纪》，中华书局1959年版。

下初定，又复立国，是树兵也，而求其宁息，岂不难哉！[1]

在此，秦始皇不仅认为过去天下战斗不休的原因是分封侯王导致的结果，而且明确认为统一之后再实行分封，这无疑是重蹈周代历史的覆辙，而使天下重新陷入混乱之中。因此，他明确表态"廷尉议是"。从这次秦皇朝议论政治体制的过程来看，正是由于秦始皇、李斯君臣本着强烈的历史意识，以周朝分封导致诸侯相争这一历史事实为前车之鉴，从而正式确立秦皇朝的郡县体制的。而这一政治体制的确立，对于之后中国历史无疑是有着巨大影响。当然，郡县制度在秦皇朝得以大力推行，并不等于说它已经为当时朝内外人士所普遍认可，特别是那些博士儒生们，他们对于秦朝推行郡县制度是持极力反对态度的。直到始皇三十四年（前213年），博士淳于越还力陈郡县之弊。

针对淳于越的"师古"论，李斯则本着历史变易的观点进行了驳斥，他明确指出："五帝不相复，三代

---

[1]《史记》卷六，《秦始皇本纪》，中华书局1959年版。

不相袭，各以治，非其相反，时变易也。"[1] 充分肯定当今实行郡县制的必要性。当然，这一次交锋的结果，不但主张分封的观点再一次被秦始皇所否定，而且还引发了一场大规模的焚书运动，秦始皇开始用暴力来压制博士儒生的是古非今思想。应该说，秦始皇用焚书的办法来禁止人们主要是博士儒生们对政治体制的议论，这种做法无疑是极端残暴的。但是，秦始皇、李斯君臣在论证推行郡县制度的合理性时，都非常重视以史为鉴。他们肯定历史的变易性，这种历史观比起一味只知师古的博士儒生们无疑要进步。

最后表现在封禅仪式的议定上。封禅说出于何人何派学说已不得而知，但就其内容而言，它与邹衍创立的五德终始说很相似。五德终始说讲祥瑞符命，讲真命天子应运建朝；封禅说也讲祥瑞符命，讲真命天子要举行封禅活动。五德终始说编排了自黄帝以来五德转移的历史；按照封禅说，凡禀德受命的帝王，都必须要进行封禅，《史记·封禅书》说："自古受命帝王，曷尝不封禅？"《风俗通义·封禅》也说：受命天子要

---

[1]《史记》卷六，《秦始皇本纪》，中华书局 1959 年版。

"增泰山之高以报天,附梁甫之基以报地,明天之所命,功成事就有答于天地。"在这派学说看来,天与人是一系、合一的。自古以来,凡受命于天、依照德运建朝的帝王,都必须要封泰山、禅梁父,以报答于天地。

秦始皇统一天下以后,儒生博士们积极鼓吹封禅说,引起了秦始皇对封禅的兴趣。他自认为功过三皇五帝,秦皇朝又是以黑龙为符、禀水德而建,自然很想像古圣王一样去封泰山、禅梁父。始皇二十八年(前219年),秦始皇征从齐、鲁儒生博士七十人巡游泰山,准备举行封禅大典。然而,封禅之说虽然由来已久,可究竟如何进行封禅人们却并不知晓,司马迁说:"厥旷远者千有余载,近者数百载,故其仪阙然堙灭,其详不可得而记闻也。"[1]根据《史记·封禅书》记载,当时随从的儒生中就有人议论说:"古者封禅为蒲车,恶伤山之土石草木;埽地而祭,席用葅秸,言其易遵也。"秦始皇认为儒生们的议论"各乖异,难施用",而独自进行封禅活动。秦始皇"遂除车道,上自泰山阳至颠,立石颂秦始皇帝德,明其得封也。从阴道下,禅于梁父。

---

[1] 《史记》卷二十八,《封禅书》,中华书局1959年版。

其礼颇采太祝之祀雍上帝所用，而封藏皆秘之，世不得而记也。"从《史记》记载可知，秦始皇统一全国不久，因受到儒生博士的鼓动，而仿效历史上古圣王们的做法，首次巡游泰山举行了封禅大典。如果说古帝王们的封禅还只是一种传说的话（从礼仪不详可知，起码秦统一以前封禅之事已是久废），那么秦始皇举行的封禅大典则已被《史记》所确载。与借用五德终始说建立秦皇朝水德制度一样，秦始皇举行封禅大典也是借用了封禅说的结果。自从秦始皇首行封禅大典后，举行封禅大典便成了封建帝王们的一项重要国事活动。值得注意的是，此次秦始皇封禅活动的直接鼓动者是儒生博士，他们也被秦始皇所征从随行，结果却因所议封禅之仪不合秦始皇之意而被绌，未能参加这次封禅大典。秦始皇与儒生博士的矛盾实肇端于此。

二、刻石与焚书：政治对史学的利用和干预

秦始皇善于借鉴以往的历史来建立皇朝的各项具体政治制度，同时他又重视控制现实的历史学来为巩固政治统治服务。出于"颂今"的需要，他重视历史

记述，利用历史学；而当历史学不利于秦皇朝统治时，他会非常残酷地加以扼杀。刻石与焚书，充分反映了秦始皇既重视利用历史学为其封建政治统治服务，又惧怕历史学会不利于甚至威胁他的封建政治统治这一矛盾心理。

先说刻石。刻石是秦皇朝的一种特殊的历史记述。秦始皇称帝总共才只有十二年时间，他却先后五次巡游天下，七次刻石纪功颂德，这在历代帝王当中可谓是绝无仅有的。频繁地巡游刻石纪功颂德，无疑是反映了秦始皇对"颂今"工作的高度重视。他要以这种特殊的历史记述方式，来为后人留下一篇篇歌颂始皇帝、美化秦政的史文。因此说，刻石于名山胜地，这种形式体现了秦始皇的一种强烈的历史意识。而碑文的内容不仅在一定程度上体现了秦始皇的治国思想，而且也反映了秦始皇的历史思想。秦始皇七次刻石所表述的基本治国思想有如下两个方面：其一是"作制明法"以治理国家。如泰山刻石云："皇帝临位，作制明法，臣下休饬。"琅琊刻石云："端平法度，万物之纪。"芝罘刻石云："大圣作治，建定法度，显著纪纲。……普施明法，经纬天下，永为仪则。"会稽刻石云："秦

第五章 秦始皇历史意识的致用性特征

圣临国，始定刑名，显陈旧章。初平法式，审别职任，以立恒常。"[1]刻石所言之"法"，即包括国家法令，也指各项制度。秦始皇强调法的绝对权威，其实就是树立自己的绝对权威，因为秦朝的法是根据秦始皇的意志来制定的。因此说秦始皇"作制明法"以治理国家的思想，其实就是高度专制集权的思想。其二是"行同伦"以规范社会。如泰山刻石云："贵贱分明，男女礼顺，慎遵职事。昭隔内外，靡不清静，施于后嗣。"琅琊刻石云："以明人事，合同父子。圣智仁义，显白道理。……尊卑贵贱，不逾次行。奸邪不容，皆务贞良。……远迩辟隐，专务肃庄。端直敦忠，事业有常。……六亲相保，终无寇贼。"会稽刻石云："遂登会稽，宣省习俗，黔首斋庄。……饰省宣义，有子而嫁，倍死不贞。防隔内外，禁止淫泆，男女絜诚。夫为寄豭，杀之无罪，男秉义程。妻为逃嫁，子不得母，咸化廉清。大治濯俗，天下承风，蒙被休经……黔首修絜，人乐同则，嘉保太平。"[2]从以上刻石所宣扬的"行同伦"思想来看，我们似乎无法想象这就是以法治国的秦始

---

[1]《史记》卷六，《秦始皇本纪》，中华书局1959年版。
[2]《史记》卷六，《秦始皇本纪》，中华书局1959年版。

皇所宣扬的治国思想，因为它同儒家的重伦理的思想几乎是一致的。其实这是我们对秦始皇治国思想认识上的一个误区。我们认为秦始皇重视以法治国，但他并不否认人伦规范对社会治理的作用，刻石的内容便是一个最好的证明。从史书记载来看，秦始皇还重视对皇子们进行人伦教育。如秦始皇死后，赵高劝立胡亥，胡亥最初还是犹豫的，他说："废兄而立弟，是不义也；不奉父诏而畏死，是不孝也。"当长子扶苏见到赵高伪造的让他自杀的秦始皇遗诏时，他没有接受蒙恬让他"复请"的劝告，而明确表示"父而赐子死，尚安复请？"[1]胡亥和扶苏的言论足以证明他们是受过人伦教育的。我们只能说秦始皇由于过分注重法治，致使人伦规范力行不够。同时，他以礼义教化的方式来规范人伦，而以严刑酷法来维护制度，侧重点各有不同。

秦始皇刻石所体现的历史思想也主要有两个方面。其一是歌颂大一统。如琅琊刻石云："六合之内，皇帝之土。西涉流沙，南尽北户。东有东海，北过大夏。人迹所至，无不臣者。功盖五帝，泽及牛马。莫不受德，

---

[1]《史记》卷八十七，《李斯列传》，中华书局1959年版。

第五章　秦始皇历史意识的致用性特征

各安其宇。"芝罘东观刻石云："武威旁畅，振动四极，禽灭六王。阐并天下，甾害绝息，永偃戎兵。"碣石刻石云："皇帝奋威，德并诸侯，初一泰平。"会稽刻石云："皇帝修烈，平一宇内，德惠修长。……圣德广密，六合之中，被泽无疆。皇帝并宇，兼听万事，远近毕清。"[1] 从这些刻石所云可知，秦始皇对他所完成的统一大业是感到无比自豪的，认为这是一个前无古人的功业。他颂扬大一统，当然是为自己歌功颂德的。但是，希望国家统一，这又是当时广大人民的一种普遍愿望。而秦始皇完成了国家的统一，这无疑是顺应时代和合乎民心之举。其二是宣传"顺承勿革"的历史不变论。如泰山刻石云："治道运行，诸产得宜，皆有法式。大义修明，垂于后世，顺承勿革。……化及无穷，遵奉遗诏，永承重戒。"芝罘刻石云："普施明法，经纬天下，永为仪则。"芝罘东观刻石云："常职既定，后嗣循业，长承圣治。"会稽刻石云："皆遵度轨，和安敦勉，莫不顺令。"[2] 从这些刻石内容来看，秦始皇是要为后代定立法式，并训诫后人要"永为仪则""顺承勿革"。

---

[1]　《史记》卷六，《秦始皇本纪》，中华书局1959年版。
[2]　《史记》卷六，《秦始皇本纪》，中华书局1959年版。

传统史学的求真与致用理念

众所周知,过往的秦国是一个具有变革传统的诸侯国,秦始皇则是一位具有变革思想的帝王。然而,秦始皇重视变革旧有的制度,却不愿后人变革他所创下的各项制度。如果说面对过去而言,秦始皇是一位历史变易论者的话,那么面向未来而言,秦始皇则又是一位历史不变论者。

再说焚书。秦始皇对待历史学的态度是既重视又恐惧。他重视历史学,是因为历史学能为他的政治统治服务;他恐惧历史学,是怕人们借古论今,而不利于甚至威胁到他的政治统治。秦政的主要特点是法治,是集权,独断专行的秦始皇是容不得人们借用过去的历史来议论朝政的。因此,他认为消除对历史的恐惧感的最好办法莫过于推行愚民政策,使民众没有历史知识。秦始皇的焚书,是他推行愚民政策的一种必然结果。秦的焚书,发生在秦始皇三十四年(前213年)。事因博士淳于越议封建而起,丞相李斯由驳封建之议转而对"私学"道古害今进行发难,进而提出了焚书的建议。李斯禁私学的理由是:

> 古者天下散乱,莫能相一,是以诸侯并作,

第五章　秦始皇历史意识的致用性特征

语皆道古以害今，饰虚言以乱实，人善其所私学，以非上所建立。今陛下并有天下，别黑白而定一尊；而私学乃相与非法教之制，闻令下，即各以其私学议之，入则心非，出则巷议，非主以为名，异趣以为高，率群下以造谤。如此不禁，则主势降乎上，党与成乎下。[1]

这段话主要说明了这样几层意思：一是认为过去"诸侯并作，语皆道古以害今"是"天下散乱"导致的结果；二是认为现在天下已经统一，应该"别黑白而定一尊"，不应该允许议政非主的私学继续存在；三是指出不禁止私学的后果将是："主势降乎上，党与成乎下"。在李斯看来，禁止私学的最好办法就是焚书。

值得注意的是，这次所焚之书一是六国史书，即所谓灭人之国必要灭人之史；一是《诗》《书》和百家语，这些都是具有重要史料价值的先秦典籍。由此不难看出，李斯的焚书，其实就是灭史。从上述李斯提出的禁私学的理由和焚书的具体主张来看，都与秦始

---

[1]《史记》卷八十七，《李斯列传》，中华书局1959年版。

皇推行的愚民政策是完全吻合的。也正因此,李斯的建议立即得到了秦始皇的采纳。

秦始皇的焚书,正如陈其泰所说:"即是以残暴的手段对不利于秦朝统治的历史记载实行干预和禁绝,企图把民众变成没有历史知识、不懂总结历史经验、可以任意摆布的愚民,以达到毫无阻碍地'别黑白而定一尊'、加强专制统治的目的。"[1] 然而,秦始皇推行愚民和文化专制政策,以政治的力量来灭绝以往的史籍,并没有达到巩固皇权统治的目的。当秦皇朝二世而亡时,他的毁史的文化专制政策也随之被埋葬了。

---

[1] 陈其泰:《秦汉史学和秦汉政治》,载《学习与探索》1999年第5期。

第六章 "实录"与"宣汉":汉代史学思潮的两种取向

"求真"是史学的本质属性,"致用"则是史学的价值属性,它们总是共同作用于史家的史著里,体现于史家的思想中。然而,由于史家所处时代和主观意识的不同,他们对于"求真"与"致用"所表现出的思想取向往往又是不尽相同的。在汉代史学发展过程中,司马迁的"实录"精神与班固的"宣汉"意识,便是代表了汉代史学思潮的两种取向。

一、《史记》的"实录"精神

司马迁《史记》最突出的特点是"实录",这从汉人对于《史记》的评述便可明晓。扬雄是汉代最早以

"实录"称许《史记》的学者,其《法言·重黎》说:"或问《周官》,曰立事;《左氏》,曰品藻;《太史公》,曰实录。"班固在《汉书》本传中称赞《史记》说:"自刘向、扬雄博及群书,皆称迁有良史之才,服其善叙事理,辨而不华,质而不俚,其文直,其事核,不虚美,不隐恶,故谓之实录。"由此可见,肯定《史记》为"实录"之作,乃是汉代人的一种共识。《史记》的"实录"特点,从史学思想的角度而言,则是体现了史家司马迁的一种强烈的史学"求真"意识。关于司马迁的史学"求真"意识,《报任安书》有一个集中表述:"网罗天下放失旧闻,考之行事,稽其成败兴坏之理,凡百三十篇,亦欲以究天人之际,通古今之变,成一家之言。"[1]这就是说,司马迁是要在"网罗天下放失旧闻"的基础上,通过对"天人之际"和"古今之变"的"考实"与"求真",找寻出历史的"成败兴坏之理",从而形成史家的"一家之言"。具体分述如下:

首先,司马迁的"究天人之际"思想蕴含了"求真"意识。西汉人的天人观念,以董仲舒为代表,大力宣

---

[1]《汉书》卷六十二,《司马迁传》,中华书局1962年版。

第六章 "实录"与"宣汉":汉代史学思潮的两种取向

扬天人感应学说,带有浓厚的神秘主义色彩。司马迁曾"闻董生曰",也以"究天人之际"作为撰史旨趣,而他的天人观却表现出了一种"求真"的意识。第一,司马迁借着作《伯夷列传》,以具体人事为依据,对汉代天人感应论者流行的"天道无亲,常与善人"的说法提出质疑。他说:"或曰:'天道无亲,常与善人。'若伯夷、叔齐,可谓善人者,非邪?积仁洁行如此而饿死!且七十子之徒,仲尼独荐颜渊为好学。然回也屡空,糟糠不厌,而卒蚤夭。天之报施善人,其何如哉?盗跖日杀不辜,肝人之肉,暴戾恣睢,聚党数千人,横行天下,竟以寿终。是遵何德哉?……余甚惑焉,倘所谓天道,是邪非邪?"第二,司马迁高扬人的价值,肯定历史治乱兴衰的决定性因素在于人事而非天命。如《楚元王世家》提出"存亡在所任"的思想,肯定人才对于国家祸福存亡的重要性;《秦楚之际月表》认为夏、商、周、秦之所以能王天下,都是修仁行义、积德用力的结果;而《三王本纪》和《秦始皇本纪》则指出夏、商、周、秦后来的灭亡,也是人为造成的。司马迁对于天命主宰历史的说法提出批评,如在《项羽本纪赞》中,他否定项羽"天之亡我"的说法;《蒙恬列传》则对蒙恬将自己的死因归于绝地脉而违忤天意的说法提出批评。第三,司马迁肯定"富者,人之情性,所不学而俱欲者也"。承认追求财富是天经地义、合情合理的。认为人在社会上之所以有贵贱之分,是由其拥有的财富多寡来决定的,"凡编户人民,富相什则卑下之,伯则畏惮之,千则役,万则仆,物之理也"。社会道德是建构在物质财富基础之上的,所谓"仓廪实而知礼节,衣食足而知荣辱"[1]。

其次,司马迁的"通古今之变"思想体现了"求真"意识。历史本身是发展变化的,然而人们对于历史发展变化的认识却是不尽相同的。我们通过《尚书·周书》的记载,既能看到商周之际历史的发展变化,也能看到周初以周公为代表的思想家们顺应这种变化之势而因势利导的进步思想与举措;我们通过孔子修《春秋》之事,可以知晓春秋战国时期历史变化的事实,同时也看到了孔子不希望这种不合周代礼乐的变化发生。司马迁主张"通古今之变",这种主变的思想本身就是符合历史发展变化的客观实际的,是一种"求真"意

---

[1]《史记》卷一二九,《货殖列传》,中华书局1959年版。

第六章 "实录"与"宣汉"：汉代史学思潮的两种取向

识的体现；而正是在这种"通古今之变"的"求真"过程中，司马迁对历史作出了评判，对历史的治乱兴衰进行了总结。如对秦的统一与速亡这一巨变，《六国年表序》既指出了秦因多暴而导致短祚，又充分肯定了秦的统一对于结束春秋战国几百年国家分裂局面的重要意义，认为是"世异变，成功大"。《高祖本纪》则分析了周秦以来的制度变化情况，肯定汉朝是"承敝易变,使人不倦,得天统矣"。而司马迁"通古今之变"的基本方法，便是"原始察终，见盛观衰"[1]，它要求人们把历史当作一个整体和过程来加以考察，并注意从盛世中观察其可能向衰的方向的转变。《史记》正是依此对自黄帝至汉武帝3000年历史作了系统而全面的史实"求真"。

最后，司马迁的历史撰述书法彰显了"求真"意识。班固所谓"其文直，其事核，不虚美，不隐恶"，集中彰显了司马迁历史撰述书法的"求真"意识。"文直事核"，就是要做到直书其事。而史书的直书其事，是建立在全面占有史料、认真核实史实的基础上的。

---

[1]《史记》卷一三〇，《太史公自序》，中华书局1959年版。

传统史学的求真与致用理念

司马迁写史,重视占有史料,靠史料说话,《史记》的很多篇章都注重交待所记之事的史料出处,如《五帝本纪》说:"予观《春秋》《国语》";《殷本纪》说:"自成汤以来,采于《书》《诗》";《管晏列传赞》说:"吾读管氏《牧民》《山高》《乘马》《轻重》《九府》,及《晏子春秋》",如此等等。同时,司马迁重视于对史实的核实,如在《五帝本纪赞》中,司马迁通过对涉及"五帝"历史的各种史料的考察,最终是"择其言尤雅者"而撰之;司马迁写"三代本纪",在各篇的"太史公曰"中,他对夏、商帝王的姓氏、大禹葬会稽、周天子是否"居洛邑"等诸多史实问题,都进行了认真考证。"不虚美、不隐恶",则是要求史家不但要直书其事,而且要善恶必书,采善贬恶,明辨是非,这是对史家"求真"的一种更高要求。《史记》无论是记载历史人物或是历史事件,总是能关注两点,如它反对秦的暴政,却对秦统一之功给予充分肯定;它颂扬汉德,却对西汉各种弊政进行揭露;它肯定项羽反秦之功和英雄气概,却批评他残暴不仁,如此等等,都很好地体现了司马迁"不虚美、不隐恶"的"求真"意识。

当然,《史记》重视"求真",同时也讲"致用"。《高

第六章 "实录"与"宣汉":汉代史学思潮的两种取向

祖功臣侯者年表序》就明确指出:"居今之世,志古之道,所以自镜也。"《太史公自序》也说:"汉兴以来,至明天子,获符瑞,封禅,改正朔,易服色,受命于穆清,泽流罔极,海外殊俗,重译款塞,请来献见者,不可胜道。臣下百官力诵圣德,犹不能宣尽其意。且士贤能而不用,有国者之耻;主上明圣而德不布闻,有司之过也。且余尝掌其官,废明圣盛德不载,灭功臣世家贤大夫之业不述,堕先人所言,罪莫大焉。"这段话所表明的《史记》以"宣汉德"和"颂功臣"为撰述目的,似乎不能简单地被理解为是言不由衷的。

二、《汉书》的"宣汉"意识

班固《汉书》则凸显一种"宣汉"意识。《汉书·叙传》说:"固以为唐虞三代,《诗》《书》所及,世有典籍,故虽尧舜之盛,必有典谟之篇,然后扬名于后世,冠德于百王,故曰'巍巍乎其有成功,焕乎其有文章也!'汉绍尧运,以建帝业,至于六世,史臣乃追述功德,私作本纪,编于百王之末,厕于秦、项之列。太初以后,阙而不录,故探纂前记,缀辑所闻,以述

《汉书》。"班固认为，即使如儒家心目中的尧、舜盛世，也必须要依靠典籍，才能使其"扬名于后世，冠德于百王"。而对于上接帝尧统绪的汉皇朝，以往的历史记述没有肩负起"宣汉"的历史重任，加上汉武帝太初以后的汉史又"阙而不录"，所以他要断汉为史作《汉书》，以史学家特有的历史自觉去肩负起"宣汉"的历史重任。从《叙传》的字里行间，我们已清楚地看到，班固作史，是要以颂扬大汉之德为己任，这突出体现了班固史学以"宣汉"为中心内容的"致用"特色。那么，班固究竟是如何通过"宣汉"来贯彻他的史学"致用"意识的呢？这主要体现在以下三个方面：

首先，班固断汉为史作《汉书》，旨在凸显汉皇朝的历史地位。在《汉书》问世以前，有关西汉一朝历史的记载，武帝以前有《史记》，武帝之后则有自褚少孙至班彪10余家《史记》续作。续作相继而作，难以系统反映汉史自不必论。而司马迁的《史记》，在班固看来，也没有很好地肩负起"宣汉"的历史使命，一则《史记》的记述内容只涉及汉武帝以前的汉朝历史，非西汉全史；二则《史记》采用通史纪传，将汉皇朝"编于百王之末，厕于秦、项之列"，这在班固看来，

第六章 "实录"与"宣汉":汉代史学思潮的两种取向

是贬低了汉皇朝的历史地位的。有鉴于此,班固要断汉为史作《汉书》,旨在系统记述汉皇朝的历史,凸显汉皇朝的历史地位。因此,《汉书》断汉为史,不只是体例的变化,更主要是出于"宣汉"的需要。

其次,《汉书》重视"上下洽通",最大限度地反映有汉一代的历史及其盛衰之变。班固撰述《汉书》,所奉行的一个基本原则便是:"综其行事,旁贯《五经》,上下洽通。"[1] 这里所谓"上下洽通",是强调《汉书》载记史事既要博洽,又要贯通。《汉书》的博恰,主要体现在"十志"上。"十志"围绕着政治制度、经济制度和思想文化三个方面,对于西汉典章制度作了全面叙述。同时,《汉书》虽然断汉而作,却是断而不断,断中有通,体现了历史的贯通意识,其中尤以"表"和"志"最为突出。通过《汉书》的"八表",我们对于伏羲以来特别是西汉历史的兴衰之变便有了一个清晰的了解;而《汉书》的"十志",则是把汉代的典章制度放在历代典章制度发展及其沿革的进程中来写的,这样便于人们了解历代典章制度的发展脉络和

---

[1]《汉书》卷一百下,《叙传》,中华书局1962年版。

变易情况。

最后,班固重视以神意史观解说汉朝统绪。西汉建朝与以往有很大的不同,以往的王朝建立者多为圣王之后,而刘邦起于闾巷,无尺土之封,却在秦末乱世之时,手持三尺剑而得以倒秦灭项,最终建立了汉皇朝。正如班固所说:"夫大汉之开原也,奋布衣以登皇极,繇数期而创万世,盖六籍所不能谈,前圣靡得而言焉。"[1] 刘邦"无土而王",这是时人感到困惑不解的问题,班固一方面肯定人为因素的作用,一方面重视以神意史观来对汉皇朝的历史统绪作出解说。在《汉书·高帝纪赞》中,班固叙述了一个非常具体的汉绍尧运的刘氏家族世系,并由此认为汉高祖之所以能成就帝业,是因为"汉承尧运,德祚已盛,断蛇著符,旗帜上赤,协于火德,自然之应,得天统矣"。从理论渊源而言,班固的"汉为尧后""断蛇著符"说,主要是承继了刘歆的五行相生之五德终始说历史理论。由于《汉书》为我国封建正统史学的代表,它对于汉皇朝统绪所作的神意解释所产生的影响自然是不同凡

---

[1]《后汉书》卷四十下,《班彪列传》,中华书局1965年版。

第六章 "实录"与"宣汉":汉代史学思潮的两种取向

响的。

值得注意的是,班固重视"宣汉",却又能直书其事,不为汉讳;在追求史学"致用"的同时,又不失史学的"求真"本质。《汉书》直书不隐和不为汉讳的具体表现,一是对老百姓疾苦所给予的极大的同情,如《汉书·食货志》对西汉统治者大肆兼并土地,由此导致老百姓生活困苦作了揭露;《鲍宣传》则通过载录鲍宣的"民有七亡、七死"论,对西汉后期政治腐败、民不聊生作了真实写照。二是对封建统治阶级的奢侈无度和穷凶极恶进行了无情的揭露,如《贡禹传》借贡禹之口对统治者的奢侈腐朽进行大胆的揭露;《景十三王传》则指出西汉诸侯王"率多骄淫失道",穷凶极恶。三是不为"文景盛世"避讳,如《贾谊传》借贾谊之口,指出文帝时期的国势已是"可为痛哭者一,可为流涕者二,可为长太息者六";而《路温舒传》则对景帝时期用刑之酷进行暴露,揭示了"盛世"温情表面的背后,是有其冷酷的另一面的。

三、传统史学"求真"与"致用"思想的新发展

从史学的"求真"而言,"董狐笔"和"太史简"无疑是春秋时期的史家对后世中国史学所作出的直书不隐书法的最好的典范。孔子作《春秋》,对这两种直书都作了继承,他一方面重视文献证实,一方面则又高悬起道义之"真",而采用"据鲁亲周"的书法,寓褒贬、别善恶,为尊亲贤者扬善隐恶。与传统史学的"求真"意识相比,司马迁的史学"求真"则表现出以下的不同:一是从记述内容来看,《史记》以"究天人之际"和"通古今之变"为撰述旨趣,记载了自黄帝以来至汉武帝3000年的历史,其记述历史之全面和悠久,都是前无古人的;二是从文献资料来看,《史记》取材广泛,"网罗天下放失旧闻",同时又重视考实,"择其言尤雅者"而撰;三是从撰述书法来看,《史记》不但直书其事,文直事核,而且还不虚美、不隐恶,采善贬恶,明辨是非,突破了传统史学思想重道义的特点。毫无疑问,司马迁的史学"求真",已经将中国传统史学的"直书"提升到了一个新的高度,是传统史

第六章 "实录"与"宣汉":汉代史学思潮的两种取向

学"求真"思想的新发展。

中国史学的"致用"传统则始于"六经"。《尚书》的史学"致用"意识,集中表现为以"殷鉴"为中心内容的历史借鉴思想;《易·大畜·象传》所谓"君子以多识前言往行以畜其德"和《礼记·经解》所谓"疏通知远,《书》教也",说的都是怎样运用历史知识来提高自己的辨是非、观成败的见解与器识,以及观察当今和预知未来的能力;[1]孔子作《春秋》则是为了"制义法""达王事"而仪表天下后世。[2]与以往史学讲"致用"相比,班固史学讲"致用"则表现出不同的特点:一是凸显史学的颂汉功德功能。《汉书》以"宣汉"为其撰述宗旨,以颂扬汉德为己任,旨在使当代君主"扬名于后世,冠德于百王"。二是彰显史学的二重性特征。班固为给新兴的东汉政权的巩固提供历史借鉴,需要通过史学的"求真",认真总结西汉历史的治乱兴衰;要在"上下恰通"中全面、系统地对西汉大一统盛世

---

[1] 参见白寿彝:《中国史学史》第一册,上海人民出版社1986年版,第323-324页;《说"疏通知远"》,载《中国史学史论集》,中华书局1999年版。

[2] 《史记》卷一三〇,《太史公自序》,中华书局1959年版。

作出反映。同时,刘邦"起于闾巷""无土而王"的历史与刘秀再造东汉的现实,使得班固重视于从神意角度对刘氏政权的合理合法性作出解说,而重视宣扬天命王权的思想。这种"真实的历史和虚幻的历史结合在一起,就构成封建史学的二重性"[1]。班固正是充分发挥了史学的这二重属性,从而很好地使其史学服务于汉皇朝的统治,《汉书》也因此而成为中国正统史学的代表。

---

[1] 吴怀祺:《中国史学思想史》,安徽人民出版社1996年版,第89页。

参考书目

一、古代典籍

[1]《周易》,《十三经注疏》本,北京,中华书局1980年版。

[2]《尚书》,《十三经注疏》本,北京,中华书局1980年版。

[3]《孟子》,诸子集成本,北京,中华书局1954年版。

[4]《左传》,《十三经注疏》本,北京,中华书局1980年版。

[5] 陆贾:《新语》,王利器校注本,北京,中华书局1986年版。

[6] 贾谊:《贾谊集》,王洲明、徐超校注本,北京,

人民文学出版社 1996 年版。

[7] 董仲舒:《春秋繁露》,苏舆义证本,北京,中华书局 1992 年版。

[8] 司马迁:《史记》,北京,中华书局 1959 年版。

[9] 王充:《论衡》,北京,中华书局 1990 年版。

[10] 班固:《汉书》,北京,中华书局 1962 年版。

[11] 荀悦:《汉纪》,北京,中华书局 2002 年版。

[12] 荀悦:《申鉴》,上海,上海古籍出版社 1990 年版。

[13] 陈寿:《三国志》,北京,中华书局 1959 年版。

[14] 袁宏:《后汉纪》,北京,中华书局 2002 年版。

[15] 范晔:《后汉书》,北京,中华书局 1965 年版。

[16] 刘勰:《文心雕龙》,北京,中华书局 1962 年版。

[17] 李百药等:《北齐书》,北京,中华书局 1972 年版。

[18] 姚思廉等:《梁书》,北京,中华书局 1973 年版。

[19] 魏征等:《隋书》,北京,中华书局 1973 年版。

[20] 刘知幾:《史通》,浦起龙通释本,上海,上海古籍出版社 2009 年版。

[21] 张守节:《史记正义》,北京,中华书局 1959 年版。

[22] 杜佑:《通典》,北京,中华书局 1984 年版。

[23] 刘昫等:《旧唐书》,北京,中华书局 1975 年版。

[24] 欧阳修:《新唐书》,北京,中华书局1975年版。
[25] 司马光:《资治通鉴》,北京,中华书局1956年版。
[26] 司马光:《温公易说》,上海,上海古籍出版社1987年版。
[27] 司马光:《司马文正公传家集》,上海,商务印书馆1937年版。
[28] 范祖禹:《唐鉴》,上海,上海古籍出版社1984年版。
[29] 朱熹:《资治通鉴纲目》,四库全书本。
[30] 宋敏求编:《唐大诏令集》,北京,中华书局1983年版。
[31] 郑樵:《通志》,北京,中华书局1987年版。
[32] 黎靖德编:《朱子语类》,长沙,岳麓书社1997年版。
[33] 王若虚:《滹南遗老集》,四部丛刊本。
[34] 马端临:《文献通考》,北京,中华书局1991年版。
[35] 胡应麟:《少室山房笔丛·史学占毕》,北京,中华书局1958年版。
[36] 黄宗羲:《宋元学案》,北京,中华书局1986年版。
[37] 顾炎武:《顾炎武全集》,上海,上海古籍出版

社2011年版。

[38] 王夫之:《张子正蒙注》,北京,中华书局2009年版。

[39] 王夫之:《读四书大全说》,北京,中华书局1975年版。

[40] 王夫之:《尚书引义》,北京,中华书局2009年版。

[41] 王夫之:《读通鉴论》,北京,中华书局1998年版。

[42] 赵翼:《廿二史札记》,王树民校证本,北京,中华书局1984年版。

[43] 沈涛:《铜熨斗斋随笔》,北京,中华书局1965年版。

[44] 章学诚:《文史通义》,叶瑛校注本,北京,中华书局1994年版。

[45] 章学诚:《章学诚遗书》,北京,文物出版社1982年版。

[46] 龚自珍:《龚自珍全集》,上海,上海人民出版社1975年版。

二、近现代著作

[1] 梁启超:《中国历史研究法》,北京,东方出版社1996年版。

[2] 金毓黻:《中国史学史》,北京,商务印书馆2003年版。

[3] 冯友兰:《中国哲学史》(上册),北京,中华书局1961年版。

[4] 范文澜:《文心雕龙注》,北京,人民文学出版社1958年版。

[5] 白寿彝:《中国史学史》第一册,上海,上海人民出版社1986年版。

[6] 白寿彝:《中国史学史教本》,北京,北京师范大学出版社2002年版。

[7] 白寿彝:《中国史学史论集》,北京,中华书局1999年版。

[8] 周振甫:《文心雕龙注释》,北京,人民文学出版社1981年版。

[9] 刘家和:《史学经学与思想——在世界史背景下

对于中国古代历史文化的思考》，北京，北京师范大学出版社 2005 年版。

[10] 吴怀祺:《中国史学思想史》，北京，商务印书馆 2007 年版。

[11] 吴怀祺:《中国史学思想通论·总论卷历史思维卷》，福州，福建人民出版社 2011 年版。

[12] 陈其泰、赵永春:《班固评传》，南京，南京大学出版社 2002 年版。

[13] 张大可:《司马迁评传》，南京，南京大学出版社 1994 年版。

[14] 陈桐生:《史记与今古文经学》，西安，陕西人民教育出版社 1995 年版。

[15] 郭峰:《杜佑评传》，南京，南京大学出版社 2004 年版。

[16] 李昌宪:《司马光评传》，南京，南京大学出版社 1998 年版。

[17] 汪高鑫:《中国史学思想通史·秦汉卷》，合肥，黄山书社 2002 年版。